Baltrum

Die Nordseeinsel

EDITION TEMMEN

Baltrum

Ein illustriertes Reisehandbuch

von Jan Schröter

EDITION TEMMEN

Land & Meer

Geschichte

Sightseeing

Ausflüge zum Festland

Baltrum – das »Dornröschen der Nordsee«

Baltrums eigentliche Attraktion ist die Insel selbst. Der schmale Landstreifen in der Nordsee, gut fünf Kilometer lang und einen Kilometer breit, ist mit seiner Strand- und **Dünenlandschaft** und den beiden beschaulichen Ortsteilen eine Oase der Erholung. Vor allem auf den Strand ist man stolz. Baltrum is'n Sandfatt (Baltrum ist ein Sandfass) kommentiert ein alter Matrosenreim das Inselbild. Doch was einst als Last galt, ist heute pures Kapital. Auf Baltrum, behaupten Einheimische und Stammgäste gleichermaßen, sei der feinste, hellste und überhaupt beste Sand der Ostfriesischen Inseln zu finden. Die Insel gilt als Dornröschen der Nordsee – eine erst spät vom Tourismus entdeckte Schönheit.

Baltrum pflegt einen eigenen Stil. Das merkt der Gast bereits, wenn er nach dem Namen der Straße

sucht, an der sein Feriendomizil steht. Es gibt keine Straßennamen, auf der ganzen Insel nicht. Die Adresse ergibt sich aus der Hausnummer. Die Häuser sind fortlaufend nummeriert, aber nicht etwa ihrer Lage entsprechend, sondern nach ihrem Alter. Jeder fertig gestellte Neubau bekommt die nächsthöhere Nummer. So liegt denn Haus Nr. 25 direkt neben Haus Nr. 146, das wiederum die Nr. 194 zum Nachbarn hat. Ein echter Hindernisparcours für Briefträger, sollte man meinen, aber auf **Baltrum** kennt man sich eben.

Eine gute Übersicht verschafft ein Rundumblick von der 13 Meter hohen Aussichtsdüne. Sie liegt östlich des Kinderspielplatzes am Kiefernwald. Auch nachts lohnt sich der Aufstieg, wenn blinkende Seezeichen und Schiffslaternen die dunkle See bunt illuminieren.

Land & Meer

Urlaub ohne Stau

Mit dem Auto

Auf Baltrum sind keine Kraftfahrzeuge zugelassen. Bei einer Inselfläche von gerade 6,5 Quadratkilometern ist das eine einsichtige Maßnahme. Wer trotzdem mit dem eigenen Wagen anreisen will, um vielleicht auch bei Ausflügen auf dem Festland mobil zu sein, übergibt das **Auto** am Hafen Neßmersiel dem Angestellten eines Garagenbetriebs. In diesen Betrieben wird das Fahrzeug auf bewachten Parkplätzen oder in Garagen untergestellt, versichert und zum Hafen zurückgebracht, wann immer es der Kunde verlangt. Tagesgäste finden **Parkmöglichkeiten** direkt am Anleger in Neßmersiel.

Garagen in Neßmersiel:

- Sammelruf Tel. 04933/2223, 721 oder 2363, mobil 0171/7329825, Fax 04933/2089.

Mit der Bahn

Die Bahnanreise führt bis Norden. Auf dem Bahnhofsvorplatz hält der **Zubringerbus** Baltrum-Fähre, dessen Fahrplan mit dem der Fähre in Neßmersiel koordiniert ist. Da die Abfahrtszeit der Fähre sich tidegemäß verändert, ist auch der Autobusfahrplan von Ebbe und Flut abhängig - ein ostfriesisches Kuriosum. Die Fähre verkehrt während der Sommermonate in der Regel dreimal täglich in beiden Richtungen und benötigt für die Passage etwa 30 Minuten. Für die Busfahrt müssen 45 Minuten einkalkuliert werden.

Informationen:

- Fahrplanauskunft zu den Bahnverbindungen, Tel. 0180/5996633 oder unter www.bahn.de
- zu Bus und Fähre: Reederei Baltrum-Linie GmbH & Co. KG, Tel. 04939/91300, www.baltrum-linie.de

➢ Mit dem Schiff geht's nach Baltrum

Mit dem Flieger

Natürlich kann man Baltrum auch auf dem Luftweg erreichen: Charterflüge werden vom Festland zum Beispiel vom **Flugplatz** Norddeich und von Harle aus angeboten. Die kürzeste Verbindung ist die von Norden (ca. 8 Flugminuten); wer von Harle aus fliegt, muss Zwischenstopps in Kauf nehmen.

Informationen:

- Baltrum-Flug GmbH & Co. KG, Tel. 04939/914040.
- Luftverkehr Friesland, Flugplatz Harle, Zentralbuchung unter Tel. 04464/94810, Buchungsstelle auf Baltrum Tel. 04939/914040.
- Frisia-Luftverkehr GmbH, Flugplatz Norden, Tel. 04931/93320.

Mit der Fähre

Der Fährverkehr von Neßmersiel nach Baltrum ist tideabhängig. In den Sommermonaten gibt es in der Regel drei Abfahrten täglich. Die Fahrtzeit beträgt ungefähr 30 Minuten. Die **Fahrkarten** löst man entweder am Automaten im Hafen oder an Bord der Fähre.

Informationen:

- Reederei Baltrum-Linie GmbH & Co. KG, Tel. 04939/91300, www.baltrum-linie.de

Gepäck

Für die Fährüberfahrt gibt man seine Koffer direkt am Schiff bei den **Gepäckcontainern** ab (und merkt sich tunlichst die Nummer seines Containers, dann findet man die Siebensachen bei der Ankunft schneller). Bei der Deutschen

Bahn AG kann man sein Gepäck direkt bis Baltrum aufgeben. Ausgeliefert wird es dann im Gebäude der Reederei Baltrum-Linie direkt am Inselhafen, wo man es auch für die Rückreise aufgeben kann. Wird man nicht von den Vermietern der Ferienunterkunft abgeholt (oder haben diese keine »Wippe«, d.h. Kofferkarren, bereitgestellt), übernimmt die Spedition Bruns-Strenge den Transfer vom Hafen zum **Urlaubsdomizil**. In diesem Fall kennzeichnet man das Reisegepäck mit den in den Buchungsunterlagen enthaltenen grünen Hausnummern-Aufklebern und lässt es an der Fähre zurück. Die Spedition bringt es zur Unterkunft. Die Gepäckzustellung von den Fähren, die zwischen 8.00 und 18.00 Uhr ab Neßmersiel fahren, erfolgt noch am Ankunftstag, sonst erst am Folgetag. Ein Täschchen mit den notwendigsten Utensilien sollte man also jedenfalls selbst tragen. Für den Gepäcktransport auf der Rückreise sollte die Spedition mindestens einen Tag vor dem Abfahrtstermin bestellt werden.

Informationen:

- Inselspedition Bruns-Strenge, Tel. 04939/272.

Inselverkehr

Das Radfahren ist auf Baltrum zwar nicht, wie der Autoverkehr, ausdrücklich verboten, aber trotzdem nicht gern gesehen! Alles, was sich schneller bewegt als ein Fußgänger, stört den gemächlichen **Inselverkehr**. Und warum sollte man sich auch hier auf einen Drahtesel schwingen? Wohin der Weg auf Baltrum auch führt, das Ziel ist schnell erreicht. Also geht man zu Fuß. Lediglich zu Transportzwecken werden Fahrräder eingesetzt, oft zusammen mit angekoppelten - Wippen genannten - Karren. Mit Hilfe dieser Wippen wird beispielsweise auch das Reisegepäck vom Schiffsanleger zur Unterkunft geschafft. Rettungsfahrzeuge sind die einzigen motorisierten Vehikel auf Baltrum.

➢ Zu Fuß erkundet man Baltrum am besten

Baltrums saubere Umwelt

Zum Erfolg einer Kur oder eines Ferienaufenthaltes gehört das Naturerlebnis. Inselbewohner sind meist und nicht erst in jüngerer Zeit ausgesprochen sensibel für umweltbedingte Veränderungen. Schließlich war es für sie stets eine **Existenzfrage**, die Natur zu beobachten. Fluthöhen, Dünenbefestigungen, Fischzüge galt es richtig einzuschätzen. Heute, da die Stütze der Inselwirtschaft im Fremdenverkehr liegt, ist der Erhalt einer intakten Umwelt besonders problematisch. **40.000 Gäste** pro Jahr besuchen Baltrum nicht zuletzt wegen der gesunden Umwelt. Damit die Natur nicht Schaden nimmt, bedarf es einiger Einrichtungen und Bemühungen auch seitens der Gäste.

Es gibt auf Baltrum ein vollbiologisches 4-stufiges **Klärwerk**, dessen dritte Stufe auch Phosphate eliminiert. Mülltrennung wird sehr strikt praktiziert (selbst auf der Fähre gibt es separate Abfallbehälter), und der Müll wird vorsortiert zum Festland verfrachtet. Der einheimische Handel vermeidet - soweit machbar - überflüssiges Verpackungsmaterial. An alle Baltrumbesucher richtet sich der Appell, nach Möglichkeit auf umweltbelastende Produkte zu verzichten und naturschädigende Artikel wie Weichspüler, Luftverbesserer oder Ähnliches gar nicht erst mit auf die Insel zu nehmen.

➢ Übersicht über die Inselökologie

Baltrum gesundheitshalber

Der Gedanke, eine Reise an die See einzig aus Gründen der Gesundheit zu unternehmen, kam um die Mitte des 18. Jahrhunderts in England auf. 1750 schrieb der Arzt Richard Russell eine wissenschaftliche Abhandlung über die »Thalassotherapie« (abgeleitet aus den griechischen Begriffen für »Meer« und »Behandlung«). Im 19. Jahrhundert griffen auch in Deutschland viele Mediziner den **Seebadgedanken** auf. Auf Norderney unternahm man ab 1797 Ansätze zur Etablierung des ersten Heilbades an der deutschen Nordseeküste. Baltrum entwickelte sich erst später - ab 1830 - zum Heilbad.

Jeder Atemzug ist Medizin

Gesund ist vor allem die salz- und jodhaltige Seeluft, die annähernd unbelastet von Abgasen jeglicher Art und dazu fast ständig von

➢ Strandkörbe gehören zum inseltypischen Ambiente

Wind bewegt ist. Das saubere Meerwasser und die durch die Weite des Horizonts intensiv nutzbare UV-Strahlung sind weitere gesundheitsfördernde Faktoren. Die unmittelbare Meeresnähe sorgt für konstante Luftfeuchtigkeit. Bedingt durch die Auswirkungen des Golfstroms sowie die wärmespeichernden Eigenschaften des Wassers verspäten sich Frühling und Herbst um etwa drei Wochen. Extreme Temperaturschwankungen kommen unter diesen Voraussetzungen kaum zustande.

Die **Klimaveränderung** registriert der Inselgast sehr schnell. Die Aktivierung des Stoffwechsels äußert sich während der ersten Aufenthaltstage meist durch eine leichte Müdigkeit des Körpers. Bald jedoch bestätigt eine verbesserte Konstitution den einsetzenden Erholungseffekt.

Das reichhaltige Baltrumer Kurangebot lässt sich für alle angebotenen Heilanzeigen ganzjährig Erfolg versprechend wahrnehmen. Für spezielle Beschwerden versprechen jedoch bestimmte Jahreszeiten gezielt Linderung. Das Frühjahr ist mit gleichmäßiger und intensiver Sonnenbestrahlung besonders für die Bekämpfung von Erkältungen und chronischen Erkrankungen geeignet. Im Sommer therapiert man optimal Haut- und **Atemwegsbeschwerden**. Zur Behandlung von Herz- und Kreislaufbeschwerden eignet sich der Herbst hervorragend, der Winter bietet ideale Bedingungen zum Auskurieren fast aller Kinderkrankheiten.

Bei folgenden Krankheiten verspricht eine Baltrum-Kur Aussicht auf Besserung und Heilung:

- Erkrankungen der Atemwege wie unspezifische Erkrankungen der oberen und unteren Luftwege, z.B. chronische Katarrhe der Nase, der Nebenhöhlen, des Kehlkopfes,

➢ Ein Saunabesuch sorgt für Entspannung

chronische Bronchitis, Lungenemphysem.

- Vegetative Störungen wie Herz- und Kreislaufstörungen, Schlaflosigkeit, körperliche und seelische Erschöpfungszustände.
- Allergische Erkrankungen wie Asthma bronchiale, Heuschnupfen, chronische allergische Ekzeme.
- Erkrankungen des rheumatischen Formenkreises wie Gelenkverschleiß, Verschleiß im Bereich der Wirbelsäule.
- Erkrankungen und Entwicklungsstörungen im Kindesalter wie Bindegewebs- und Haltungsschwächen, hypotone Kreislaufstörungen, körperliche und seelische Reifestörungen.
- Chronische Hautleiden wie Neurodermitis, Schuppenflechte, Akne, Ekzeme.
- Rekonvaleszenz nach schweren Operationen und Erkrankungen.

So gesund das Reizklima an der Nordsee in der Regel auch ist, gibt es doch einige Krankheiten, die einen Aufenthalt auf Baltrum nicht sinnvoll erscheinen lassen. Eine solche Gegenanzeige besteht bei Tuberkulose, feuchter Rippenfellentzündung, schweren Herzfehlern oder kurzfristig überstandenen Infarkten, Bluthochdruck, schweren Schilddrüsen- oder Nebennierenrinden-Überfunktionen, akuten entzündlichen Gelenkerkrankungen, Infektionen, Psychosen, Epilepsie sowie Hautkrankheiten mit gesteigerter Lichtempfindlichkeit.

Wie gesagt: Der Aufenthalt auf Baltrum ist bereits ein Kurangebot an sich. Wer bei einem Spaziergang im Bereich der **Brandungszone** die aerosolhaltige Luft einatmet, barfuß durch den Schlick watet und bewusst die Ruhe genießt, hat schon viel für seine Gesundheit getan. Das bedeutet jedoch beileibe nicht, dass sich das Baltrumer Kurangebot auf die natürlich vorhandenen Gegebenheiten reduziert. Neben ortsgebundenen Heilmitteln wie den **Naturschlickpackungen** und -bädern, Meerwasserbädern und Meerwasserinhalationen erhält man Heil- und Unterwassermassagen. Therapeutische Maßnahmen wie Bestrahlungen, Bewegungsübungen in Meeressole, Haltungsgymnastik, Atemtherapie, Kneipp'sche Anwendungen, Inhalationen und Drainagen unterstützen die Kur.

Die Wege zur Kur

Zu kurz sollte eine Kur nicht bemessen sein. Nachhaltiger Erfolg stellt sich erst ab einem Mindestaufenthalt von drei Wochen ein. Speziell bei **Kinderkuren** sollten die Betroffenen eher sechs Wochen verweilen, um langfristige Linderung ihrer spezifischen Leiden zu erzielen.

Bei derartiger Verweildauer stellt sich zwangsläufig die Frage nach der Finanzierung. Natürlich darf man eine Kur auch aus eigener Tasche bezahlen. Zwei Kurvarianten werden jedoch von den Krankenkassen gefördert:

Die ambulante Kur

Um eine so genannte »ambulante«, also nicht mit einem Klinikaufenthalt verbundene Badekur vorzunehmen und den größten Teil der damit verbundenen Kosten von der Krankenkasse erstattet zu bekommen, muss die Notwendigkeit dieser Maßnahme von einem Arzt bestätigt werden. Nach der **Verschreibung** holt man die Genehmigung der Krankenkasse ein und bucht im Falle der Bestätigung selbstständig in freier Wahl eine Unterkunft auf Baltrum. Während die Kasse meist ca. 85 Prozent der Kur- und Behandlungskosten trägt, liegt der tägliche Zuschussbetrag für Reisespesen und Unterbringung lediglich bei 13 € (für chronisch kranke Kleinkinder beträgt der Zuschuss 21 € pro Tag) – ein wenig muss man also schon dazuzahlen. Wichtig ist, dass man bei Antritt der Kur eine Kostenübernahmebescheinigung der Krankenkasse vorlegen kann. Die Kosten der **Kuranwendungen** werden dann direkt mit der Kasse abgerechnet. Liegt die Bescheinigung bei Kurantritt nicht vor, müssen die Anwendungen aus eigenen Mitteln vorfinanziert werden!

Erst nach Buchung der Unterkunft (bei der Vermittlung helfen Kurverwaltung oder Zimmernachweis, s.a. Reiseinformationen von A–Z) erfolgt die Anreise. Die Kur selbst beginnt immer mit dem Besuch eines der zugelassenen Badeärzte. Um Wartezeiten vor Ort zu vermeiden, ist es günstig, schon einige Tage vor der Reise einen Termin zu vereinbaren. Der Badearzt legt dann die im jeweiligen Fall nötigen Therapien und Anwendungen fest.

➢ Die Seele im Strandkorb baumeln lassen – Sand und Wellen genießen

Die stationäre Kur

Die stationäre Kur entspricht einem Klinikaufenthalt und wird in der Regel bei Rehabilitation, Vorbereitung auf Reha-Maßnahmen, Operation oder massiven Beschwerden verordnet. Bei einer solchen Kur beträgt die finanzielle Eigenleistung lediglich 10 € pro Tag. Unter besonderen Umständen wird auch auf jegliche Zuzahlung verzichtet. Genauere Auskunft dazu erteilt die Krankenkasse.

Der Kurbeitrag

Fremdenverkehr bringt einer Gemeinde Geld, aber er kostet auch einiges. Die Erhebung einer Kurtaxe ist das übliche Mittel, den Aufwand für die Erneuerung und Unterhaltung der Fremdenverkehrseinrichtungen zu decken.

Auf Baltrum ist der **Kurbeitrag** ein Muss, d.h. ohne ihn gäbe es keinen Zutritt zum Strand, keinen Eintritt ins SindBad, keine Inanspruchnahme von Kuranwendungen oder von Sonderveranstaltungen wie **Strandgymnastik** und vieles mehr. Die Kurbeitragspflicht beginnt unmittelbar mit der Ankunft auf der Insel. Die Höhe des Kurbeitrags unterliegt einer jahreszeitbedingten Staffelung. Als Termine dieser Zeitintervalle gelten die Hauptsaison (1. Juni–30. September) sowie die

Nebensaison (15. März-31. Mai/ 1 -31. Oktober). Die Zeit zwischen dem 1. November und dem 14. März ist kurbeitragsfrei.

Die **Kurtaxe** kostet pro Tag für Erwachsene ab 18 Jahren 2,30 € / 1,50 €, für Kinder und Jugendliche ab sechs Jahren 0,80 € / 0,50 €. Tagesbesucherkarte: Erwachsene 1,00 €, Kinder und Jugendliche 0,50 €. Jahreskarte: Erwachsene 64,00 €, Kinder und Jugendliche 24,00 €. Für die Jahreskarte werden die innerhalb eines Jahres bereits bezahlten Kurbeiträge angerechnet. Für Schwerbehinderte gibt es Ermäßigungen. Bei Familien wird der Kurbeitrag höchstens für vier Personen berechnet.

Sport und Strandleben

Der bemerkenswerte Baltrumer Sandstrand fand bereits gebührende Erwähnung. Bei Niedrigwasser ist der Badestrand nördlich des Ortes gut 200 Meter breit! Platz genug für sportliche Aktionen wie beispielsweise Beach-Volleyball. Auch **Surfer** finden hier ein geeignetes Revier. Neben Langeoog gilt Baltrum als bestes Surfgebiet der Ostfriesischen Inseln. Man kann die Aktivität natürlich auch genussvoll einschränken und den Tag wonnevoll im Strandkorb verdösen.

Beach-Volleyball

In der Saison sind am Strand drei Netze fest installiert. Alle zwei Wochen wird von der Kurveraltung ein **Turnier** organisiert. In den Sommerferien treffen sich auch die Faustballer hier.

Cobi-Golf (Abteilung des Kleingolfs)

Neben dem Tennisplatz befindet sich, in die Dünenlandschaft eingebettet, eine Cobi-Golf-Anlage mit 18 Bahnen. Hier richtet die Cobi-Golf-Sparte des KSV Baltrum regelmäßig das Nordsee-Pokal-Turnier aus.

Fitness

Das SindBad beherbergt ein Fitness-Studio, in dem an modernsten Geräten trainiert werden kann.

Gymnastik

Von Montag bis Freitag wird in der Hauptsaison am Strand beim Sportpodest die »Strandgymnastik für Groß und Klein« angeboten. Zwischendurch werden an gleicher Stelle die Stimmbänder trainiert: beim Baltrum-typischen **»Singen am Strand«**, das bei den Gästen jeden Alters absolut beliebt ist. Wem das noch nicht reicht, der kann abends im Gymnastikraum des SindBads weiterturnen.

Kajak

Das Revier um Baltrum bietet für alle Paddler etwas - vom Anfänger bis zum fortgeschrittenen Kajakfahrer. Prile und Sandbänke sind leicht zu befahren. **Material** kann auf der Insel geliehen werden bei Uwe Wietjes.

Schwimmen

Im SindBad:

Nicht zu jeder Jahreszeit ist ein Bad in der Nordsee verlockend. Zumindest auf Baltrum ist das jedoch kein Grund, um auf Badespaß in Nordseewellen zu verzichten. Zwischen Kurverwaltung und Tennisanlage liegt das SindBad mit garantiert angenehmer Wassertemperatur von **28° C**. Wem das an Wärme nicht genug ist, kann die angegliederte Sauna oder das Solarium besuchen. Die Sauna bietet eine original finnische Blockhaus-Sauna mit einem vorzüglichen Raumklima von 90° C und eine Bio-Sauna mit moderaten 60° C. Darüber hinaus ist im Schwimmbad-Bereich ein römisches Dampfbad integriert.

Geöffnet ist das Bad vom Beginn der Osterferien bis zum Ende der Herbstferien und vom zweiten Weihnachtsfeiertag bis zum Ende der Weihnachtsferien.

Im Meer:

... bitte nur am gekennzeichneten Badestrand. Die Badezeiten werden im **Badekalender** veröffentlicht.

Sportabzeichen

Es ist möglich, auf Baltrum das Sportabzeichen zu erwerben. In der Saison (Sommerferien) gibt es wöchentlich einen Trainings- und einen Abnahmetermin.

Strandkörbe

Strandkörbe und Strandzelte können bei der Kurverwaltung vorbestellt werden (bis spätestens vier Wochen vor Reiseantritt). Für **Kurzentschlossene** steht ein Vermietungscontainer an der Strandpromenade.

Surfen

Baltrum gilt unter Surfern als ideales Flachwasser- und Wellenrevier. Eine vorgelagerte Sandbank sorgt dafür, dass sowohl Geschwindigkeitsfanatiker als auch Wellenliebhaber geeignete Bedingungen vorfinden. In der Saison bietet die Surfschule von Uli Mammen (Strandpromenade, am Übergang Strandhotel Wietjes) Kurse für Anfänger und Fortgeschrittene an. Auch Material kann man hier leihen.

➢ Nicht nur bei Regenwetter bietet das SindBad eine Alternative

Tennis

Zwischen dem SindBad und dem Kinderspielhaus befinden sich drei **Außenplätze** mit Kunstrasen. Alljährlich findet ein Gäste-Turnier mit Eröffnungsveranstaltung, Grillabend und Abschlussfeier statt.

Wassergymnastik

Im SindBad werden in der Saison regelmäßig Wassergymnastik-Kurse angeboten. Die Termine findet man in den Aushängen oder im Veranstaltungskalender.

Mit Kindern auf Baltrum

Onnos Kinderspöölhus

Onno, der lachende Blondschopf in blauweißer Friesenkluft, ist das **Kindermaskottchen** der Baltrum-Werbung. Kinder lieben Onno und Onnos Heimat sowieso. Damit auch bei Schlechtwetter keine Langeweile aufkommt, gibt es auf der Insel ein **Kinderspielhaus**. Onnos Kinderspöölhus (Haus 68) ist ein riesiger überdachter Spielplatz. Im Erdgeschoss befindet sich ein großer Bereich zum Spielen und Toben (hier darf es auch schon mal so richtig laut zugehen) und ein Ruheraum mit Kuschelecke, Playmobilteilen und Holzeisenbahn. Größere können sich hier mit ausgeliehenen **Spielen** beschäftigen. Auf der Galerie geht es weiter mit Soft-Lego für die ganz Kleinen, Konstruktionsecke, Tischfußball etc. für die Größeren sowie einem abgeteilten Bällchenbad. Zweimal wöchentlich bietet das Kinderspielhaus **Bastelnachmittage** an, darüber hinaus gibt es Sandburgen-Wettbewerbe am Strand u.v.m. (nicht zu vergessen das schon traditionelle Spiel, bei dem der Schatzkoffer gewonnen werden kann). Das Haus hat in der Saison täglich geöffnet und - das schätzen die Eltern besonders - bietet Sonderöffnungszeiten, wenn das Wetter

Ein kleines Stück Badegeschichte

von Jürgen Schulz

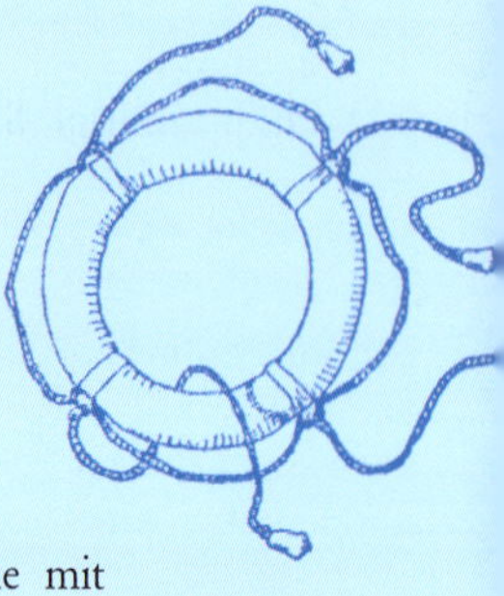

Er ist uns heute unentbehrlich, der Strandkorb, der in bunten Farben unsere Küsten ziert. **Strandkörbe** sind kleine Fluchtburgen für die Sonnenanbeter vor den aggressiven Strahlen der Sonne, man kuschelt sich genussvoll in den Schatten, nutzt ihn kunstvoll verhängt mit Badetüchern als Miniatur-Umkleidekabine oder benötigt ihn als erhöhte Aussichtstribüne auf das, was mehr oder weniger verlockend durch den Sand promeniert.

In früheren Jahren baute man als zusätzlichen Hinweis auf Besitzansprüche noch eine Strandburg um die geflochtene Behausung, verzierte sie mit Schriftzügen aus Hölzchen und **Muscheln**, stellte einen Mast in die Mitte und überspannte das Ganze mit fähnchengeschmückten Leinen. Heute hat der Küstenschutz berechtigte Einwände gegen Strandburgen, und zum Aufbau des Fähnchenmastes sind wir zu bequem. Aber so selbstverständlich ist der **Strandkorb** an unseren Küsten nicht immer gewesen.

Wir verdanken dieses »Möbel« dem Rheumatismus einer älteren Dame, die 1882 in Warnemünde Strandfreuden genießen wollte, ohne ihr Leiden durch den kühlen Seewind zu verschlimmern. Deshalb suchte sie den **Korbmachermeister** Wilhelm Bartelmann in Rostock auf und bat ihn um eine windgeschützte Sitzgelegenheit, die diesen Ansprüchen genüge.

Der Mann mag über die ungewöhnliche Kundin den Kopf geschüttelt haben, aber er ließ sich etwas einfallen. Aus Weiden, Rohr und Markisenstoff bastelte der findige Knobler eine Art **Einsitzer**, der mehr einem Wäschekorb als einem Strandmöbel glich, ohne zu ahnen, dass ihn diese Kreation berühmt machen würde.

Der **Bartelmannkorb** hatte später viele »Nachkommen«. So wurde er zunächst zum Zweisitzer, erhielt ein Tischchen und eine zusätzliche Markise, ließ sich als Liegesitz zurückklappen und soll sogar mit einem Drehgestell versehen worden sein, mit dem der wirbelnde Sand allerdings schnell fertig wurde.

Auch in anderer Hinsicht war der Strandkorb eine umwälzende Erfindung. Die **Moralvorstellungen** des 18. und 19. Jahrhunderts duldeten es durchaus nicht, den leichter bekleideten menschlichen Körper der Öffentlichkeit zu präsentieren. Für dieses Problem brauchte man Lösungen!

Da wurden beispielsweise Schaluppen im Flachwasser verankert, die zur Seeseite hin das feuchte Vergnügen ermöglichten. Sogar Holzkästen wurden von den Schiffen ins Wasser gelassen, um als **Freibadewannen** zu dienen. Wurde die See allerdings plötzlich stürmischer, konnte man in einem solchen Gebilde auch in Seenot geraten. Da waren die hochrädrigen Badekarren doch schon ein bedeutender Fortschritt. Von kräftigen **Pferden** ins Wasser geschoben, dienten sie nicht nur als gesicherter Aufenthalt, sie waren auch Umkleidekabine und Startplatz in die wogende See.

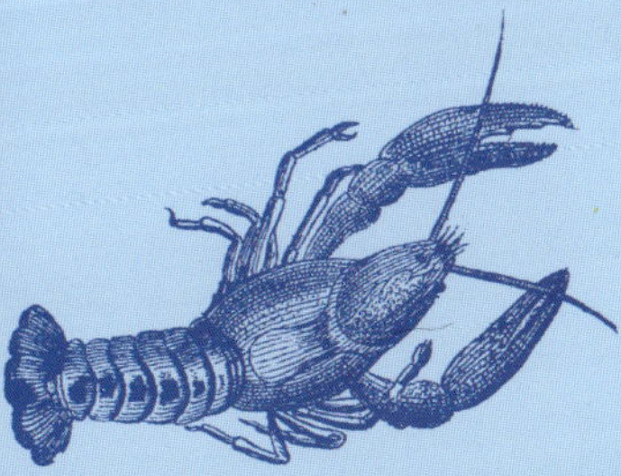

Aus diesen mobilen Gebilden dürfte sich etwa um 1825 das Badefloß entwickelt haben, dem wir dann endlich die ersten festen Badeanstalten verdankten, die allerdings durch massive **Bohlenwände** oder eine größere räumliche Trennung Männlein und Weiblein streng voneinander schieden. Badeorte, die sich dann später neben dem Damen- und Herrenbad ein Familienbad leisteten, galten schon als **ungewöhnlich** freizügig, wenn nicht gar anrüchig ...

am Wochenende mal so schlecht ist, dass das Spielen am Strand ins Wasser fällt. **BetreuerInnen** sind zwar immer vor Ort, doch die Eltern sollten schon mit dabei bleiben. Wenn es Kuranwendungen nötig machen, kann man sein Kind aber auch vorangemeldet im Kinderspöölhus in Obhut geben.

Kinderturnen am Strand

In der Hauptsaison, Montag bis Freitag, von 11.15 bis 11.45 Uhr, wird der Strand beim Sportpodest zum Turn- und Spaßtreffpunkt für die Kids (ab 6 Jahren). Hier finden in der Saison auch zahlreiche weitere **Kinderaktivitäten** (z.B. Veranstaltungen der Kirchen) statt.

Nationalparkhaus

Natürlich ist schon die Ausstellung selbst für Kinder und Jugendliche spannend und interessant. Hier können die Kids nicht nur Schaukästen, Exponate und Aquarien betrachten, sondern interaktiv am Bildschirm das Leben im Watt erforschen. Das Nationalparkhaus bietet darüber hinaus regelmäßig Strand- und Wattwanderungen für Groß und Klein an. Außerdem gibt es Bastelaktionen, bei denen das Strandgut, das vormittags gemeinsam gesammelt wurde, nachmittags zusammen in kleine Kunstwerke verwandelt werden kann. Der kindlichen Kreativität sind dabei keine Grenzen gesetzt.

➢ Ein Sommererlebnis für Kinder

Reiten

Ausritte auf Ponys gibt es bei Familie Seiffart auf der **»Ponte Rosa«** am Übergang zum Ostdorf.

SindBad

Im SindBad wird in den Sommerferien wöchentlich ein Kinderspielnachmittag angeboten. Die Termine entnimmt man den Aushängen. Während der gesamten Saison gibt es **Schwimmkurse** für Kinder (vom Seepferdchen bis zum Freischwimmer etc.). Ansonsten können sich die Kleinen im Wassergarten des Bades bei 31° C im max. 40 cm tiefen Wasser tummeln.

Spielplätze

gibt es vor dem Kinderspielhaus - hier kann auf einem großen Piratenschiff getobt werden -, in den **Dünen** beim Kiefernwald und beim Strandcafé.

Jugendclub

Auch für die Jugendlichen bietet Baltrum Abwechslung: Im Jugendclub (geöffnet ab dem späten Nachmittag) im Haus 160 (Strandaufgang zum **Hundestrand**) gibt es Billard, Dart, Musik und Parties. Draußen gibt's außerdem eine Streetball-Anlage und eine kleine Halfpipe.

Seehundstage vor Baltrum

Der Gang (eigentlich eine Fahrt) vor die Seehunde zählt bei Gästen jeden Alters zu den beliebtesten Unternehmungen während der Inselferien. Große Augen, runde **Knubbelköpfe** und ihre auf Sandbänken zur Schau getragene gemütliche Behäbigkeit machen die Seehunde zu maritimen Sympathieträgern. Hatte sich ihr Bestand nach dem Seehundsterben Ende der 1980er Jahre wieder erholt, müssen nun erst einmal die Folgen der Staupeepidemie im Jahr 2002 überstanden werden.

Seehunde schätzen vor allem die küstennahen Gebiete der Nordsee, wo sie rudelweise Sandbänke im äußeren Bereich des Wattenmeeres bevölkern. Diese Bänke sind ihre Ruhezonen, die angrenzenden Baljen, Gats und die tiefere Nordsee dienen als Jagdrevier. Gejagt werden Fische, vor allem Schollen und Seezungen, in geringerem Maße auch Krebstiere. Der tägliche **Nahrungsbedarf** eines ausgewachsenen Tieres beträgt etwa fünf bis sieben Kilogramm Fisch. Dafür wird allerdings etwas geleistet: Seehunde sind in der Lage, bis zu **100 Meter** tief und 15 Minuten lang mit einer Geschwindigkeit von bis zu 35 Stundenkilometern abzutauchen.

Sandbänke dienen den Seehunden auch als »Kinderstube«. Vier bis fünf Wochen sind die Jungen auf die **Muttermilch** angewiesen. Verliert ein Jungtier in dieser Zeit die Mutter und wird am Festland- oder Inselstrand angespült, beginnt es heulend zu klagen. Für die verwaisten »Heuler« besteht die Chance, in der Seehundaufzuchtstation Norddeich (Tel. 04931/8919, siehe auch Kap. »Landgänge«) gepflegt zu werden. Damit man nicht selbst schuld an einer Störung der Tiere ist, sollte man sich Seehundsrudeln niemals auf eigene Faust nähern. Empfehlenswert ist die Teilnahme an einer der informativen **Ausflugsfahrten** zu den Seehundsbänken.

Ausflüge:

- Reederei Baltrum-Linie GmbH & Co. KG, Tel. 04939/91300, www.baltrum-linie.de (s. a. S. 10).

Vom Strandlaufen

Wie ein dunkles Band, geflochten aus Algenbüscheln, zieht sich die Linie des **Flutsaums** um die Insel. Je nach Strandstück, Seegang und Wetterlage verändert sich die Beschaffenheit dieses Gürtels. Stellenweise sind Algen und Tang zu filzigen Nestern und dichten Klumpen verdichtet, in denen allerlei zusammengeschwemmt ist: Muscheln, Krebspanzer, Schneckenhäuser und vieles mehr. Zwischen pflanzlichem und tierischem **Treibgut** findet sich manchmal etwas, was den Strandläufer begeistert. Zwar ist angeschwemmter Zivilisationsmüll häufiger anzutreffen als die klassische Flaschenpost oder die algenüberwucherte Piratenschatztruhe, sicher ist nur eines: Alles, was irgendwo an einer anderen Küste oder von einem Schiff ins Wasser fällt und schwimmt, wird irgendwann irgendwo angetrieben - manchmal eben auf Baltrum. Vor allem nach **Sturmtagen** ist die Chance groß, verwertbares Strandgut zu finden.

Zu früheren Zeiten empfanden die Baltrumer - wie übrigens die Küstenbewohner sicher aller Nationen - anlässlich eines **Schiffsunglücks** vor ihren Ufern nicht nur Mitleid mit der Besatzung, sondern freuten sich in erster Linie dabei über den unverhofften Segen auf ihrem Strand. In Anbetracht der zeitweise ausgesprochen ärmlichen Lebensumstände ist diese Haltung verständlich. Verwerten ließ sich bis hin zur Schiffsplanke annähernd alles. Jeder Balken war auf den baumarmen Ostfriesischen Inseln eine begehrenswerte Beute. Längere Perioden ohne eine Strandung gefährdeten sogar die Existenz der Inselwirtschaft. Schließlich hatten die Baltrumer das jeweilige Unglück nicht zu verantworten. Das Bergen von Gütern aus gescheiterten Schiffen erfolgte oft noch während eines Sturms und war daher nicht ungefährlich. Für dieses Risiko schien ein guter **Bergelohn** allemal gerechtfertigt.

Die übliche **Regelung** sah vor, dass ein Drittel des Bergeguts an den Landesherrn, ein Drittel an

den oder die Besitzer der Ladung ging und das letzte Drittel unter den Bergenden verteilt wurde. Ließ sich ein Besitzer nicht ausfindig machen, schlug man dessen Drittel den Bergenden zu. Fast jeder Baltrumer war dann am Ertrag beteiligt. Um 1600 hatte der **Vogt** die Anweisung, viermal pro Woche die Insel zu umreiten, um nach eventuellem Strandgut Ausschau zu halten. Allerdings unterlag der Vogt auch der unglücklichen Verpflichtung, den Anteil des Landesherrn vor begehrlichen Übergriffen anderer Insulaner schützen zu müssen. Daher verdächtigten ihn seine Mitbürger regelmäßig der Unterschlagung gemeinsam geborgener Güter.

Schwere **Schiffsunglücke** sind heutzutage vor Baltrum glücklicherweise äußerst selten. Die Hauptschifffahrtswege liegen weiter seewärts als früher und sind durch die stark verbesserte Sicherheitstechnik risikoärmer zu befahren. Das **Strandlaufen**, »strandjen« genannt, ist trotzdem auch ohne komplette Wracks auf dem Flutsaum eine spannende Angelegenheit. Strandlaufen macht süchtig. Wen es gepackt hat, der muss nach einer windigen Nacht einfach hinausgehen und nachsehen, was die Wellen diesmal auf den Baltrumer Strand getragen haben. Ein Gewinn ist dem Strandläufer dabei jedes Mal sicher: Am Strand genießt man Seeluft pur - gesünder kann ein Spaziergang nicht sein.

Der Nationalpark Niedersächsisches Wattenmeer

Auf den ersten Blick empfindet ein Gast, der noch nie zuvor die Nordseeküste besucht hat, das Wattenmeer rund um Baltrum vielleicht als eine relativ unspektakuläre Landschaft. Doch was von weitem wie Ödland aussieht, ist **dicht besiedelter Lebensraum**. Einsam ist man hier garantiert nicht: Pro Quadratmeter Wattboden zählten akribische Wissenschaftler bis zu 40.000 Schlickkrebse, 270.000 Wattschnecken oder 10.000 Pfeffermuscheln. Das pulsierende Leben ist sogar hörbar - Schlickkrebse erzeugen bei der Nahrungsaufnahme ein dezentes Geräusch, dessen millionenfache Aussendung sich im Watt zu einem kleinen, aber feinen Knistern summiert.

➢ Pflanzenreichtum auf den Tertiärdünen:

Dünenrose

Strandnelke

Knabenkraut

Für diese und andere Kleinlebewesen bietet das Watt mit seiner zweimal täglich tidenbedingten Frischwasserspülung ein ideales Umfeld. Pflanzen und **Kleinlebewesen** machen wiederum aus dem Watt ein Paradies für viele Vogel- und Fischarten. Zwei bis drei Millionen **Zugvögel** versorgen sich jährlich bei ihrem Aufenthalt im Wattenmeer mit den nötigen Fettreserven, die sie für den Rückflug in ihre Brutgebiete und für die erfolgreiche **Fortpflanzung** brauchen. Die Strömung trägt jedes Frühjahr Eier und Larven vieler Fischarten in das Wattenmeer. So hat diese Region für etliche Arten die wichtige Funktion einer »Kinderstube«.

Das Wattenmeer der Nordsee ist einzigartig. Obwohl 70 Prozent der Erdoberfläche von den Weltmeeren bedeckt sind, findet man weltweit keine Region, die exakt gleiche Bedingungen bietet wie diese. Selbst im Gebiet der Nordsee ist das Wattenmeer ein exotischer Bereich. Es zieht sich zwar von **Den Helder** (Niederlande) bis **Esbjerg** (Dänemark) über eine ansehnliche Küstenlänge, aber von der Gesamtfläche der Nordsee macht es lediglich 1,5 Prozent aus. Etwa 60 Prozent dieses sensiblen Lebensraums liegen im Hoheitsgebiet der Bundesrepublik Deutschland. Zum Schutz des **Wattenmeeres** wurden mehrere Küstenabschnitte als Nationalparks ausgewiesen.

Das Gebiet um Baltrum ist Teil des seit 1986 zwischen Emden und Cuxhaven eingerichteten, etwa 240.000 Hektar großen »Nationalpark Niedersächsisches Wattenmeer«, auch die Insel selbst gehört dazu. Naturschutz und Fremdenverkehr sind ohne Reglementierungen kaum zu vereinbaren. So ist Baltrum in drei unterschiedliche Zonen eingeteilt.

Ruhezone

Hier gelten die strengsten Schutzbestimmungen, da sich hier die am meisten gefährdeten Tier- und Pflanzenarten befinden. Wattwandern, Wandern, Radfahren, Reiten und Kutschfahrten sind ganzjährig auf dafür speziell markierten Wegen erlaubt, ansonsten gilt generelles Betretungsverbot. Zur **Ruhezone** auf **Baltrum** gehören die Hellerflächen im Südosten der Insel, etwa südlich der Linie Campingplatz-Osterhook. Auch das schon vor 1986 bestehende Naturschutzgebiet in der Inselmitte zwischen Wetterhäuschen und Jagdhütte ist Teil der **Nationalpark-Ruhezone**. Die Ruhezone des Wattenmeeres auf Baltrum vor den südöstlichen **Hellerflächen** darf in der Zeit von drei Stunden nach bis drei Stunden vor mittlerem Tidehochwasser (MTHW) nur auf den ausgewiesenen Fahrwassern befahren werden.

Zwischenzone

In diesem Bereich ist der freie Zutritt zumindest zeitweise erlaubt. Die Schutzmaßnahmen der **Zwischenzone** dienen dennoch dem Erhalt des Landschaftscharakters. So ist die Störung wild lebender Tiere in ihren Lebensräumen natürlich auch hier untersagt. Als Störung gilt beispielsweise die allzu aufdringliche Fotopirsch enthusiastischer Hobby-Tierfilmer oder selbstverständlich auch der Versuch, den Naturgenuss durch

➢ Oben: Mehr als ein Urlaubsmaskottchen – der inzwischen wieder weit verbreitete Seehund

➢ Mitte: Eine Strandkrabbe läuft über den Sand

➢ Unten: Ein Aalpärchen lugt aus seiner Höhle

Inbetriebnahme eines Gartengrills kulinarisch abzurunden. Hunde sind anzuleinen. Zwischen dem 1. April und dem 31. Juli, während der **Hauptbrutzeit**, darf das seewärts gelegene Deich- oder Dünenvorland nur auf den markierten Wegen betreten werden. Die Zwischenzone umfasst auf Baltrum die südlichen Salzwiesen und Hellerweiden zwischen Hafen und Campingplatz, den nordwestlichen Strandbereich ab Höhe Wetterhäuschen bis Osterhook sowie die Dünengebiete zwischen Stadt und Inselmitte und um die Peilbake herum.

Erholungszone

In diesem Bereich ist der **Erholungs- und Kurbetrieb** im Rahmen der örtlichen Bestimmungen freigestellt. Auf Baltrum umfasst die Erholungszone neben den beiden Ortsteilen mitsamt des Hafens den Badestrand im Norden.

Die in der Ruhezone und in der Zwischenzone zugelassenen Wege sind durch Pfähle gekennzeichnet:

- Grüne Markierung: Wanderwege
- Rote Markierung: Reitwege

Die genauen Markierungen sind den so genannten Nationalparkkarten zu entnehmen, die kostenlos bei der Kurverwaltung ausliegen.

Dünen – Gebirge der Nordseeküste

Dünen sind Naturwunder. Scheinbar aus dem Nichts entsteht ein gewaltiger Sandwall dort, wo noch einige Jahre zuvor flaches Gelände war. Manchmal hilft kundige Menschenhand dieser Entwicklung durch einige Kunstgriffe nach. Doch meist ist es die Natur allein, die in kurzer Zeit mehrere Meter Sand auftürmt und so als Landschaftsarchitekt wirkt.

Während der Ebbe trocknen Sandbänke und Strände an der Oberfläche ab. Der Wind verweht den unverfestigten Sand, und wo Sandhaufen über die Hochwasserlinie herauszuragen beginnen, entstehen **Primärdünen** - fragile Gebilde, die ein heftiger Sturm oder eine höhere Flut wieder vernichten kann. Erst allmählicher Pflanzenbewuchs (in erster Linie Strandquecke und Strandhafer) durchwurzelt den lockeren Sand, festigt die Düne und lässt sie noch wachsen durch **Sandablagerungen**, die sich im Windschatten dieser Pflanzen bilden. Diese Dünen liegen zumeist im ufernahen Bereich. Ältere Dünen liegen etwas windgeschützter im Inselinneren. Ihr Pflanzenbewuchs ist deutlich vielfältiger ausgeprägt, die Oberfläche besteht bereits aus einer dünnen **Mutterbodenschicht**.

So schnell, wie sich Dünen bilden, können sie auch wieder verschwinden. Das gilt sogar für alte, scheinbar längst verfestigte Dünen. Wenn der Pflanzenbewuchs Schaden nimmt, hindert den Wind nichts daran, sein einmal geschaffenes Werk wieder fortzublasen. So dienen die **Wegebeschränkungen des Nationalparks Niedersäch-**

➢ Dünenaufgang

➢ Speckig glänzt das Watt bei Ebbe

sisches Wattenmeer nicht allein dem Artenschutz, sondern auch dem Erhalt der Dünen. Wird die Vegetation durch wilde Trampelpfade, Abpflücken von Pflanzen, Lagern oder Reiten zerstört, bricht selbst bei alten Dünen die Humusdecke auf. Der darunter liegende Sand wird erneut verblasen und sorgt seinerseits für weiteres Unheil. Der vielfältige, aber weniger rustikale Bewuchs der **Binnendünen** nimmt durch schmirgelnde Sandkörnchen Schaden, stirbt ab und reißt so neue Löcher in den **Dünengürtel**. Auf diese Weise sind schon ganze Inseln untergegangen, denn intakte Dünen wirken als natürliche Wellenbrecher, die im Übrigen nicht bloß die Inseln, sondern auch die Festlandküste schützen. »Dünenschutz ist Küstenschutz!« lautet eine alte Devise an der Nordseeküste.

Die Bitte der Naturschützer, innerhalb des Dünengeländes nicht von den eigens angelegten Wegen abzuweichen, entspricht also einer zwingenden Notwendigkeit. Und diese Wege sind extra so angelegt, dass ein Spaziergang durch die Dünenlandschaft reichlich Gelegenheit bietet, die Pflanzen- und Tierwelt zu beobachten.

Ebbe und Flut

Die Gezeiten unterliegen dem Einfluss des Mondes auf die Weltmeere. Die Anziehungskraft des Mondes bewirkt auf der ihm zugewandten Erdseite einen **Flutberg**, dem ein durch Rotationskraft verursachtes Pendant auf der entgegengesetzten Erdhälfte gegenübersteht. Zwischen den beiden Flutbergen bilden sich zwei **Ebbetäler** aus. Dem Mond folgend wandern Flut

und Ebbe um die Erdkugel und wiederholen sich in der Zeit eines halben Mondumlaufs - exakt alle 12 Stunden, 25 Minuten und 14 Sekunden.
Die Konstellation der Sonne zu Erde und Mond beeinflusst die Höhe der Tide. Liegen bei Neu- und Vollmond Erde, Sonne und Mond auf einer Achse, addieren sich ihre Anziehungskräfte. Die Folge ist eine **Springtide** mit höherem Hochwasser und niedrigerem Niedrigwasser. Stehen Erde, Sonne und Mond dagegen rechtwinklig zueinander, z.B. bei Halbmond, heben sich die Anziehungs- und Fliehkräfte teilweise auf. Es kommt zu einer so genannten **Nipptide**, bei der das Hochwasser niedriger als normal ausfällt und das Niedrigwasser weniger stark zurückweicht. Als Mitteltide bezeichnet man den Wert zwischen diesen beiden Extremen. Erreicht der Flutberg des Atlantischen Ozeans die Nordsee, rollt er als Welle auf Baltrum und die Küste zu. Durch den Aufstau vor der Küste erhöht sich noch die Differenz zwischen Flutberg und Ebbetal. Diese Differenz, **Tidenhub** genannt, beträgt vor Baltrum im Mittel 2,60 Meter.
Nicht nur die Planetenkonstellation beeinflusst den Tidenhub, auch das **Wetter** spielt eine gewichtige Rolle. Starke ablandige Winde treiben ablaufendes Wasser weiter hinaus und hindern die Flut am schnellen Auflaufen, das Watt bleibt länger trocken. Bei kräftigem Seewind passiert das Gegenteil: Das Wasser läuft bei Ebbe nicht so weit ab - unter Umständen kann diese Konstellation eine geplante Wattwagenfahrt oder Wattwanderung zunichte machen. Dramatisch wird es, wenn sich die Kräfte von Flutwelle und dauerhaft orkanstarkem Seewind vereinen. Dann beginnt das große Kräftemessen zwischen Sturmflut und Deichen.

Wattwandern

Wattwandern macht Spaß. Die gute Luft, die interessanten Tiere, der fußfreundliche Boden - gerade an strahlenden Sommertagen vergisst man leicht die Gefahren, die einen allzu sorglosen Wanderer hier bedrohen. Ein paar **Regeln** sollte man bei einer Tour im Watt schon beachten:

- Bei **Wetterumschwüngen** gilt es, schnellstens an Land zu gelangen. Im Gewitter ist das Risiko eines Blitzschlags für einen im flachen Watt stehenden Menschen nicht unerheblich. Und Nebel bedeutet das Ende jeglicher Orientierung. Hilfreich ist eventuell der Versuch, sich am Festland einen Orientierungspunkt zu suchen und zu merken, solange es noch möglich ist. Am sichersten ist es jedoch, wenn man sich von vornherein ausschließlich an die mit regelmäßig gesteckten **Reisigruten** (Pricken) markierten Wege im Watt hält.
- Wird am Signalmast ein roter **Ballon** aufgezogen, ist das Watt ebenfalls sofort zu verlassen.
- Auch wenn der weite Horizont lockt: **Gehen Sie nicht allein**.

➢ Die Salzwiesen werden bei Flut überspült

Im Fall der Fälle gibt es sonst niemanden, der Hilfe holen kann. Schon ein an einer Muschelschale verletzter Fuß kann die Ursache dafür sein, dass eine sonst in kurzer Zeit problemlos bewältigte Entfernung eben nicht in kurzer Zeit bewältigt wird. Aber: Die Flut kommt garantiert pünktlich.

Wird man trotz allem **vom auflaufenden Wasser überrascht**, gilt es die Nerven zu bewahren. Meiden Sie die Nähe von Prielen, auch wenn das einen Umweg bedeuten sollte. Die Priele laufen zuerst voll, Tiefe und Strömung sind schwer einzuschätzen. Halten Sie Ausschau nach einer **Rettungsbake** (stählerner Korb auf einem langen Rohr). Auf der Plattform befinden sich Signalraketen, mit denen Sie sich bemerkbar machen können.

Die **Niedrigwasser-Zeiten** sind Tidenkalendern oder Informationsblättern (bei der Kurverwaltung erhältlich) zu entnehmen. Die beste - weil ungefährlichste - Zeit für eine Wattwanderung beginnt jeweils zweieinhalb Stunden vor Niedrigwasser und endet bei Niedrigwasser. **Achtung:** Ein nicht selten begangener Irrtum ist es, bei Niedrigwasser aufzubrechen, zu dem Zeitpunkt also, da die Ebbe ihren niedrigsten Stand erreicht hat. Schon unmittelbar danach setzt die Flut ein. Wer bei Niedrigwasser eine Wattwanderung startet, läuft der Flut entgegen!

Keine Sorgen um seine Sicherheit braucht sich der Gast zu machen, der sich einer der zahlreichen **geführten Wattwanderungen** anschließt. Die Auswahl ist groß: na-

➢ Blick über das Sandwatt

turkundliche Führungen, für Kinder besonders reizvolle Wattwanderungen mit Muschelsuche oder sportliche Zehn-Kilometer-Wanderungen bis zur Wattkante.

Wunderwelt Wattenmeer

Eine Wattwanderung beginnt am Spülsaum, jener magischen Linie, bis zu der die Wellen bei Normalhochwasser schlagen. Zwischen Spülsaum und Watt kann durchaus noch Gras wachsen. Diese seewasserbeständigen Gräser bilden die **Salzwiesen**, auch »Heller« genannt. Etwa 2000 Tierarten, überwiegend Insekten, finden hier ihren Lebensraum.

Vor den Salzwiesen oder dem Strand beginnt das **Schlickwatt**. Die an das Ufer schlagenden Wellen transportieren winzige Schwebstoffe, aus denen Schlick entsteht. Diese Teilchen setzen sich nicht auf dem Spülsaum ab, sondern erst, wenn das Wasser wieder zurückweicht. Die strandnahe **Schlickzone** ist das Revier des **Quellers**, einer grünährigen Pflanze mit fleischigen Zweigen und zurückgebildeten Blättern, die bis zu 30 Zentimeter hoch wächst.

Die **Tierwelt** ist in dieser Region ebenfalls reichlich vertreten. Die vielen Poren im Wattboden sind nämlich kein Werk der Wellen, sondern auf umtriebige Wattschnecken zurückzuführen, von denen sich bei Ebbe etliche eingraben. Andere ziehen auf dem Weg zu nahrhaften Algen Schleifspuren durch den Schlick. Man muss jedoch schon gut hinsehen – die Wattschnecke misst samt Gehäuse nur wenige Millimeter.

Kaum größer ist der Schlickkrebs, der es auf ausgewachsene 15 Millimeter bringt, wobei die Hälfte dieser imposanten Länge auf die Fühler entfällt. Sie hausen in U-förmigen Röhren, die sie im Sommer etwa vier Zentimeter, im Winter aus Frostschutzgründen zwölf Zentimeter tief anlegen. Ihre hohe Zahl garantiert den Fisch- und Vogelreichtum im Wattenmeer, denn sie dienen vielen Arten als bevorzugte Nahrung. Sie selbst haben für Mahlzeiten auch einiges übrig - ihr kollektives wisperndes Schmatzen ergibt das bei Windstille deutlich vernehmbare Knistern.

Nach der ufernahen Schlickwattzone folgt das **Mischwatt**, dessen Boden aus einem Schlick-Sand-Gemenge besteht. Auch hier blüht kurioses Leben im Verborgenen. Unter der Bodenoberfläche liegen nämlich schnorchelnde Muscheln.

➢ Wunderwelt Wattenmeer – Schlickwatt (oben) und Plattmuscheln (unten)

Wenige Zentimeter tief graben sich Herzmuscheln ein und strecken jeweils eine Ein- und Ausströmungsröhre zur Oberfläche. Bis zu 5000 Herzmuscheln stecken in einem Quadratmeter Wattboden!

Auf noch tieferer Tauchstation (bis zu 30 Zentimeter) steckt die Sandklaffmuschel, mit bis zu 15 Zentimetern Länge eine der größten heimischen Muschelarten. Sie hält mittels eines entsprechend langen Siphos Verbindung zur Oberfläche, um Sauerstoff und Nahrung aus dem Wasser zu filtern. Dieses schlauchartige Organ ist beweglich und von einer faltigen, braunen Haut umgeben. Registriert die **Sandklaffmuschel** Erschütterungen des Wattbodens, zieht sie den Sipho ruckartig ein. Der noch im Sipho befindliche Wasserrest wird durch diese Kontraktion fontänenartig über die Oberfläche hinausgespritzt. Mit der bis zu 20 Zentimeter hohen Fontäne verraten die Muscheln dem aufmerksamen Wanderer ihren Standort. Ausgewachsene Sandklaffmuscheln können ihren Standort nicht mehr wechseln. Verändert sich an ihrer Position das Bodenniveau, sterben sie ab. An den sich ständig verändernden **Prielkanten** treten oft regelrechte Kolonien abgestorbener Sandklaffmuscheln zutage, deren senkrecht stehende, messerscharfe Schalenränder für barfuß gehende Wattwanderer eine Gefahr sind.

Der für den Wanderer auffälligste Bewohner des Mischwatts ist jedoch der **Wattwurm**, dessen geringelte Sandkothäufchen überall zu sehen sind. Der 15-20 Zentimeter lange Wurm lebt in einer U-förmigen Wohnröhre, 25 Zentimeter tief im Wattboden. In seiner Röhre steckend, saugt er Sand in sich hinein, dem er Kleinstlebewesen und Pflanzenreste entzieht. So entstehen auf dem Watt die kleinen, trichterförmigen Vertiefungen. Sobald sein Darm gefüllt ist, kriecht der Wurm rückwärts zur Oberfläche und produziert die charakteristischen Sandkotkringel.

Was ein Regenwurm für den Komposthaufen, ist der Wattwurm für das Watt: Er reinigt den Boden. Die **Sandkotkringel** sind gereinigter Wattboden und kein Schmutz, der Wanderer muss also nicht auf Zehenspitzen durchs Watt laufen. Die Leistungsfähigkeit dieser Würmer ist verblüffend. Durch den Körper eines einzigen Wattwurms wandern jährlich bis zu 25 Kilo Sand! 20 Würmer verarbeiten in demselben Zeitraum einen Quadratmeter Wattboden vollständig bis zu einer Tiefe von 25 Zentimetern.

In Wassernähe geht das Mischwatt langsam in reines **Sandwatt** über. Es ist das Revier der Seegraswiesen und verschiedener Krebsarten, vor allem aber bilden sich hier ganze Kolonien von blauschwarzen Miesmuscheln. Die **Miesmuscheln** liegen nicht nur unterhalb der Niedrigwasserlinie, sondern auch auf dem Sandwatt, wo sie bei Ebbe trockenfallen. Sie graben sich nicht ein, sondern verbinden sich mit Sekretfäden, so genannten »Byssusfäden«, zu regelrechten Muschelbänken. Unter guten Bedingungen erreichen sie dabei eine Dichte von bis zu 12.000 Stück pro Quadratmeter. Miesmuscheln sind ziemlich widerstandsfähig: Während sommerlicher Temperaturen überleben sie selbst auf dem Trockenen tagelang, im Winter ertragen sie monatelange Abgeschlossenheit im Eis. Allerdings können Eisschollen vor allem im Wattenmeer ganze Muschelbänke »abrasieren«.

Im Watt liegend, aber eigentlich – da sie auch bei Ebbe nicht vollständig trockenfallen – zum Meer gehörend, bilden die **Priele** eine eigene Zone des Wattenmeeres. Hierhin zieht sich während der Ebbe allerlei Getier zurück, um die nächste Flut abzuwarten. Neben Strandkrabben, Einsiedlerkrebsen und Nordseegarnelen verweilen hier auch Fische wie Aale und Schollen.

➢ Wunderwelt Wattenmeer – Queller (oben) und Muschelbänke (unten)

➢ Von oben: Austernfischer, Austernfischerküken, Austernfischernest, Silbermöwen

Baltrumer Vogelwelt

Baltrum hat für Ornithologen einiges zu bieten. Viele verschiedene Vogelarten brüten auf der Insel, andere verweilen hier während ihrer Durchreise. Die Festlandnähe und das im Wattenmeer reichlich vorhandene Nahrungsangebot bieten den Vögeln **ideale Bedingungen**. Auf Baltrum finden sich zusätzlich unterschiedliche Vegetationszonen, so dass nicht nur typische See- und Strandvögel, sondern auch auf dem Festland beheimatete Arten hier ein Revier finden.

Die ausgedehnten Hellerflächen und die feuchten Dünentäler im Bereich der Altdünen sind echte Vogelparadiese. Da Baltrums Wasserversorgung durch eine Druckleitung vom Festland her sichergestellt ist, lässt man die unter der Insel gelegene **Süßwasserlinse** unangetastet. So sind die Dünentäler nicht von Austrocknung durch Trinkwasserentnahme bedroht. Ein in dieser Region häufig anzutreffender Brutvogel ist die **Brandgans**, die ihr Nest in verlassenen Kaninchenbauten anlegt.

Auf den mit violettem Strandflieder bewachsenen Salzwiesen im Bereich der Nationalpark-Wattenmeer-Ruhezone im Südosten Baltrums sind verschiedene Seeschwalbenarten zu finden und mit dem **Austernfischer** der neben den Möwen wohl am häufigsten an der Wattenküste vertretene Vogel. Hier können auch **Säbelschnäbler** beobachtet werden, die mit ihren langen, aufwärts gebogenen Schnäbeln im Flachwasser von Tümpeln und Prielen jagen. Dabei stochert ein Säbelschnäbler nicht etwa im Wasser herum, sondern bewegt seinen Schnabel rasch hin und her, um auf diese Weise Kleingetier zu erwischen. Schon exotischer, weil selten geworden und vom Aussterben bedroht, ist der ebenfalls hier noch anzutreffende **Rotschenkel**.

Im Dünen- und Strandbereich dominieren die Möwen. Die kleinste unter ihnen ist die **Lachmöwe**. Der etwa 40 Zentimeter große Vogel verdankt seinen Namen nicht etwa einem besonders humorigen Charakter. Die Vorsilbe Lach bezieht sich vielmehr auf Wasserlachen, flache Seen und Tümpel, die zum bevorzugten Jagdrevier dieser einst überwiegend im Binnenland beheimateten Möwenart zählten. Mit dem zunehmenden Verlust ihrer binnenländischen Brutplätze ist die Lachmöwe auf Reviere an der Nordsee ausgewichen.

Sehr verbreitet ist die nur wenig größere **Sturmmöwe**, die etwa bis zur Mitte des 20. Jahrhunderts vor allem an der Ostsee anzutreffen war. Am häufigsten ist jedoch die größte hier anzutreffende Möwenart - die **Silbermöwe**. Sie wird bis zu 56 Zentimeter lang und 1,1 Kilogramm schwer. Ein Baltrum-Besucher lernt sie meist schon während der Anreise kennen: Silbermöwen begleiten oft die Fährschiffe, mit denen sie manchmal so vertraut sind, dass sie von den Passagieren hingehaltene Brotstücke aus der Hand picken. Sie begrüßen und verabschieden den Gast und sind ein freundlicher Bote der Lüfte.

➢ Von oben: Fluss-Seeschwalbe, Fluss-Seeschwalben bei der Balz, Säbelschnäbler, Säbelschnäblerküken

Laue Lüftchen und stürmische Zeiten

An der Waterkant weht meistens eine Brise. Dieses Phänomen ist schließlich ein wesentlicher Faktor des heilsamen **Baltrumer Seeklimas**. Manchmal allerdings wird aus dem angenehm fächelnden Nordseewind ein brüllender Sturm. Wer wissen will, welche Windstärke ihn zaust, richtet sich nach den bewährten Messkriterien des britischen Admirals und Hydrografen **Sir Francis Beaufort** (1774–1857):

- Windstärke 0: Absolute Windstille. Rauch steigt senkrecht empor. Das Meer liegt spiegelglatt – ein um Baltrum wohl äußerst seltenes Schauspiel. Die Windgeschwindigkeit (gemessen in einer Höhe von zehn Metern) bewegt sich zwischen 0 und 0,2 m/s.
- Windstärke 1: Leiser Zug, gerade ausreichend, um Rauchsäulen zu bewegen. Fahnen hängen schlaff an den Masten, das Meer bewegt schaumlose Kräuselwellen. Windgeschwindigkeit 0,3–1,5 m/s.
- Windstärke 2: Leichte Brise, auf der Haut fühlbar. Fahnen und Blätter bewegen sich, die Nordsee reagiert mit kurzen, ungebrochenen Wellen. Windgeschwindigkeit 1,6–3,3 m/s.
- Windstärke 3: Schwache Brise. Sie streckt Fahnen, bewegt Blätter und Zweige. Auf See werden schaumgekrönte Wellenkämme sichtbar. Windgeschwindigkeit 3,4–5,4 m/s.
- Windstärke 4: Mäßige Brise, die jedoch ausreicht, Staub und lose herumliegendes Papier aufzuwirbeln und dünnere Äste zu bewegen. Die Dünung der Nordsee wird länger und die Schaumkronen verstärken sich. Windgeschwindigkeit 5,5–7,9 m/s.

- Windstärke 5: Frische Brise. Kleine Bäume beginnen jetzt zu schwanken, das Meer trägt Schaumkronen. Windgeschwindigkeit 8,0–10,7 m/s.
- Windstärke 6: Starker Wind bewegt auch starke Äste und pfeift an Telefonleitungen. Regenschirme sind schwierig zu handhaben, am Ufer brechen schäumend die Wellenkämme. Windgeschwindigkeit 10,8–13,8 m/s.
- Windstärke 7: Steifer Wind leistet dem gegenan gehenden Wanderer spürbar Widerstand, große Bäume geraten in Bewegung. Wellen türmen sich auf, von ihren Kämmen geblasene Schaumstreifen markieren die Windrichtung. Windgeschwindigkeit 13,9–17,1 m/s.
- Windstärke 8: Stürmischer Wind bricht Zweige aus den Bäumen. Spazierengehen bei Gegenwind wird zur Kraftprobe. Auf der Nordsee schlagen Wellenberge Gischt und Schaum. Windgeschwindigkeit 17,2–20,7 m/s.
- Windstärke 9: Der Sturm ist da, stark genug, um Ziegel von Hausdächern zu reißen. Die See beginnt zu rollen. Windgeschwindigkeit 20,8–24,4 m/s.
- Windstärke 10: Schwerer Sturm entwurzelt Bäume und verursacht auch größere Schäden an Häusern, wie beispielsweise eine Komplettabdeckung ganzer Dächer. Die Nordsee beginnt zu kochen – über den rollenden Wellenbergen schäumt es weiß, fliegende Gischt beeinträchtigt den Ausblick. Windgeschwindigkeit 24,5–28,4 m/s.
- Windstärke 11: Orkanartiger Sturm. Diese Windstärke wird im Binnenland selten erreicht. Falls es aber doch einmal dazu kommt, dann muss man mit flächendeckenden Sturmschäden rechnen. Auf dem Meer bilden sich außergewöhnlich hohe Wellenberge, verstärkt sprühende Gischt vermindert zunehmend die Sicht. Windgeschwindigkeit 28,5–32,6 m/s.
- Windstärke 12: Orkan. Die Elemente vermischen sich. Der Sturm peitscht das Meer derart, dass fliegende Gischt und Schaum die Luft durchsetzen. Fernsicht ist unmöglich und in den meisten Fällen auch nicht erforderlich: Wer nicht unbedingt muss, setzt sicher keinen Fuß vor die Tür. Hauptsache, es gibt noch genug Tee und Kluntjes im Haus. Ein Schuss Rum wäre auch nicht übel. Ein Orkan stürmt mit einer Windgeschwindigkeit ab 32,7 m/s – das entspricht einem Tempo von knapp 120 km/h (Umrechnungsfaktor: 1 m/s = 3,6 km/h).

»Gott bewahre Damm und Dieken ...«

von Melanie Dubbels

»Gott schuf das Meer und der Friese die Deiche.« Dieser trotzig-selbstbewusste Spruch wirft ein Schlaglicht auf den jahrhundertealten Kampf gegen Sturmfluten und Überschwemmungen. Alle Nutznießer der Deichanlagen mussten schon immer auch für den Erhalt der Deiche arbeiten. Die Dorfgemeinschaft hatte selbst für den Unterhalt der Anlage zu sorgen, und so entstand das **Spatenrecht**: Jedes Dorfmitglied, das im Besitz von Land war, musste für den Deich sorgen. Wer die Last nicht auf sich nehmen wollte, verlor seinen Besitz, und wer freiwillig aufgab, stieß seinen Spaten in den Boden. Derjenige, der ihn dann aus der Erde zog, übernahm das Land, den Besitz und die Pflicht, für den Deich zu sorgen.

Der **Deich** hat eine typische Form und ist nicht nur ein aufgeschütteter Hügel. Anfänglich wurde er wie eine senkrechte Mauer zum Meer hin gebaut, doch solche Mauern ließen die Flut nur noch heftiger auflaufen. In **Holland** entwickelten Deichbauer die noch heute übliche Form des Deiches: Der Außendeich steigt sehr flach an, so dass die Wellen sich »totlaufen«.

Der **Blanke Hans** ist der Räuber, der Heu und Vieh vom Vorland schwemmt, und die Sagengestalt, die in Form von Sturmfluten die Deiche angreift, um sie zu zerstören. In Nordfriesland wird er auch **Rasmus** genannt, gemeint ist aber die Nordsee ganz allgemein, denn »blank« bedeutet nichts anderes als »unter Wasser stehend«.

Der Blanke Hans ist seit jeher der böse Nachbar, der den Menschen keinen Frieden lässt. Wie einen mürrischen, schlecht gelaunten Greis, den bei schlechtem Wetter seine Zipperlein plagen, überkommt es auch den Blanken Hans von Zeit zu Zeit: Dann lässt er seine Wut an den Küstenbewohnern aus. Doch die lassen sich nicht unterkriegen: In 1082 Kilometer Länge zieht sich das System von **Haupt-** und **Nebendeichen** an den Küsten von Niedersachsen, Bremen, Hamburg und Schleswig-Holstein entlang.

Um das **Jahr 1000** wurden in Nordfriesland die ersten Deiche gebaut. Durch Entwässerungsarbeiten und natürliche Setzungsvorgänge kam es jedoch dazu, dass sich das Land bis unterhalb des mittleren Tidehochwassers absenkte, so dass im 14. Jahrhundert die zu erwartende Katastrophe hereinbrach. Schwere **Sturmfluten** zerschlugen die Deichlinie. Das Kulturland zwischen Sylt und Eiderstedt ging mit einem Schlag unter und wurde zum Wattenmeer.

Im 14. Jahrhundert setzten die natürlichen Sedimentations- und Verlandungsvorgänge ein, die von den Küstenbewohnern ausgenutzt

➢ Ausschnitt aus einer topografischen Karte des 17. Jahrhunderts

wurden. Es wurde ein **System der Landgewinnung** entwickelt, bei dem auf einer Watt- oder Anwachsfläche (Landgewinnungsfeld) ein System von **dammartigem Buschbauwerk**(Lahnungen/Buhnen)aufgestellt und flache Gräben (Grüppe) zur Regelung des Wasserhaushaltes und zur Beschleunigung der Auflandung ausgehoben wurden. Mit Hilfe der von der Flut immer wieder angeschwemmten **Ablagerungen** wurde nach und nach Land gewonnen. Auch der Deichbau hat sich seither verbessert.

Die **Stackdeiche,** wie sie noch bis Ende des 17. Jahrhunderts gebaut wurden, sind inzwischen zu imposanten Profilen herangewachsen. Heute gleicht kaum ein Deich dem anderen. Meistens bedarf es bei den Deichbauvorhaben verschiedener Detailpläne, und sogar innerhalb desselben Projektes sind unterschiedliche Bauweisen nötig. Bauabweichungen können in Größe, Steigung, Fundament oder im Baumaterial vorkommen, so dass es auch Deiche aus Beton, Kleie oder Sand gibt. Heute gelten die Deiche im Allgemeinen als sturmflutsicher, aber galt nicht auch die Titanic als unsinkbar?

Ostfriesische Hochgenüsse

Abwarten und Tee trinken

Wenn die Engländer ihren berühmten »Five o'clock tea« schlürfen, leeren die Ostfriesen bereits die vierte Kanne. Tee ist das **Nationalgetränk** der Region, wie die Statistik eindrucksvoll beweist: Sieben Pfund Tee verbraucht ein Ostfriese durchschnittlich im Jahr – der Bundesdurchschnitt liegt gerade bei 220 Gramm.

Spätestens wenn sie an einem kühlen Tag ordentlich windverblasen von einem Deich- und Dünenspaziergang in ihre Quartiere zurückkehren, lernen auch passionierte Kaffeetrinker ein angebotenes »Koppke« Tee zu schätzen. Überhaupt, Kaffee. Der wird weltweit bloß in Tassen oder Becher gegossen und getrunken – fertig. Echte Teeliebhaber entwickeln um ihr verehrtes Aufgussgetränk ein regelrechtes Zeremoniell, das gilt für Ostfriesland nicht weniger als für Japan.

Unverzichtbarer Bestandteil der ostfriesischen Teevariante ist natürlich die **Mischung** selbst, meist **indischer Assam-Tee** mit Beimischungen von Ceylon-, Sumatra- oder Darjeelingblättern. Für jede geplante Tasse berechnet man einen Löffel Tee, einen weiteren als Zugabe »für die Kanne«, die bereits vorgewärmt sein sollte. Das Wasser für den Aufguss muss sprudelnd heiß sein. Die **Wasserqualität** ist entscheidend für die Güte des Tees – mit steigender Wasserhärte sinkt die Chance, einen guten Geschmack zu erzielen, weswegen seltene Puristen am liebsten sauberes Regenwasser benutzen. Aufgegossen wird zunächst nur ein kleiner Teil des kochenden Wassers, gerade so viel, dass die Teeblätter bedeckt sind. Hat der Tee drei bis fünf Minuten gezogen, gießt man heißes Wasser in genau der Menge nach, die getrunken werden soll.

Zur ostfriesischen **Teezeremonie** gehört natürlich ein entsprechendes Service, am besten ein klassisches Design aus Reliefporzellan. In die Tasse, das »Koppke«, kommt ein Stück weißer Kandis, das **»Kluntje«**. Nun kommt der große Moment: Aus der Kanne ergießt sich ein heißer Teestrahl auf den Kandis, der knackend zerplatzt – allein schon dieses Geräusch steigert das Wohlbefinden. Des Kunstwerks finale Krönung bildet das **»Wulkje«**, ein Löffel flüssiger Sahne, die wolkig vom Tassengrund aufsteigt und nicht umgerührt werden darf, andernfalls gilt man als Banause.

»Drei Tassen sind Ostfriesenrecht«, sagt man und meint damit das Quantum pro Teepause. Davon gibt es mehrere täglich: Zum Frühstück, Mittag und Nachmittag

➢ Typisches ostfriesisches Teegedeck

sowieso, und vor allem natürlich den »Elfürtje«. Der **Elf-Uhr-Tee** ist den Ostfriesen mindestens so wichtig wie den Engländern der »Five o'clock«, und warum sollte man mit dem Genuss eines so schönen Getränks auch bis zum Nachmittag warten?

Tee ist das Getränk, welches man Gästen anbietet, ob sie nun überraschend oder angemeldet zu Besuch kommen. Vernünftige Gespräche beginnen nicht, bevor die **»Koppkes«** auf dem Tisch oder zwischen den Händen dampfen. Geschäftliche Verhandlungen verlaufen beim Tee entspannter. Nachgießen, abtrinken oder den feinen Dampffäden hinterhersehen, die dem duftenden »Koppke« entsteigen – das verschafft in fast jeder Lebenslage Pausen der Besinnlichkeit. »Abwarten und Tee trinken« ist in Ostfriesland eben kein hohler Spruch, sondern Lebensphilosophie.

Suppe zum Anstoßen

Wer auf Baltrum zu einer **»Bohntjesopp«** eingeladen wird und eine nahrhafte Hülsenfruchtsuppe erwartet, erlebt sein blaues Wunder. Nicht dass eine Bohntjesopp keinen Nährwert hätte: Die »Bohnen« sind Rosinen, und die haben es in sich. Die Rosinen werden drei Tage in Branntwein eingelegt, dann rührt man gelösten Kandis in das Gebräu. Serviert wird die »Suppe« im speziellen, henkellosen **»Branntwienskoppke«**, stilecht mit Löffel.

Bohntjesopp schlürft oder löffelt man gern bei Familienfesten und an Neujahr. Vor allem bei Feiern anlässlich einer Geburt oder Kindstaufe gilt die Suppe als Spezialität.

Für Leib und Seele

Nordseeluft macht hungrig. Die ostfriesische Küche begegnet dieser Herausforderung mit einigen Spezialitäten, nach deren Genuss man sich befähigt fühlt, auch während eines mittleren Orkans noch senkrecht auf der Deichkrone stehen zu können. Bevor man sich jedoch vom Tisch erhebt, wäre es vielleicht angezeigt, ein Gläschen **»Friesenwein«** (klarer Korn) oder **»Friesenfeuer«** (süßer Aufgesetzter, brennend serviert) zu sich zu nehmen.

Als einstiger Höhepunkt bäuerlicher Schlachtfeste galt das **»Sniertjebraa«**. Die Kreation aus fettem Nacken- und Schulterbraten wird mit Schweinefett allseits scharf angebraten und mit Zwiebeln, Pfeffer, Salz, Mehl und Sahne zubereitet.

»Speckendicken« ist kein Zustand, sondern eine Mehlspeise, die man vornehmlich im Winter und speziell zu Silvester serviert. Der Teig wird aus Weizen- und Roggenschrotmehl mit Sirup, Eiern, Schmalz und Gewürzen (Zimt, Anis) angerührt, einige Tage gekühlt und dann mit einigen Scheiben Mettwurst in einem Waffeleisen gebacken. Übrig gebliebenes Speckendicken kann am nächsten Tag kalt gegessen werden – falls man dann schon wieder Hunger hat.

➢ Schmeckt nicht nur im Winter – Speckendicken

»Labskaus« ist ein traditionelles Gericht an der gesamten Nordseeküste. Pökelfleisch, Salzheringe, Zwiebeln und Rote Bete werden durch den Wolf gedreht und mit gekochten, zerstampften Kartoffeln, gekrönt von einem Spiegelei und einer Gewürzgurke, serviert. Früher galt Labskaus auch als typisches »Resteessen«, in dessen Komposition je nach Stand der Vorräte bestimmte Komponenten geschmacksweisend waren. Gut zubereitet, kann das Gericht durchaus mit vermeintlich edleren Speisen konkurrieren. Es schmeckt viel besser, als es aussieht!

Ebenfalls deftig und in etlichen Variationen zubereitet sind die zahlreichen **Kohlgerichte**, für die Ostfriesland berühmt ist. Wie auch immer die Wahl ausfällt: Handelt es sich um ein **Grünkohlessen**, muss »Pinkel« darin sein. Echte Pinkelwurst besteht aus einer geräucherten Füllung aus durchwachsenem Speck, Hafergrütze, Zwiebeln, Pfeffer und Salz.

Neben der bereits oben erwähnten Bohntjesopp, die gar keine Bohnen enthält, isst man in dieser Region gern getrocknete Bohnen mit Speck oder große Bohnen mit Rauchfleisch – garantiert ohne Alkohol, den man aber selbstverständlich separat zu sich nehmen kann.

➢ Nordseekrabben wandern noch an Bord des Krabbenkutters in den Kochtopf

Natürlich isst man entlang der Küste auch viel **Fisch**. Klassiker wie »Pannfisch«, ein Fischomelett mit Kartoffelresten und gebratenem Speck, oder Hering in Sahnesoße sollte man sich nicht entgehen lassen. In den Monaten mit einem »r« am Ende kann man in **Muschelgerichten** schwelgen. Miesmuscheln sind überall zu bekommen und lassen sich auch einfach selbst zubereiten: Die Muscheln werden mit kaltem Wasser abgespült und gereinigt, dabei schließen sich die Schalen. Dann bedeckt man sie mit Flüssigkeit – von Wasser bis Weißwein mit Kräutern und Zwiebeln ist da alles möglich – und kocht sie so lange, bis sich die Schalen geöffnet haben. Das Muschelfleisch ist nun gar und leicht zu entnehmen. Nach dem Kochvorgang noch geschlossene Muscheln sollten nicht gegessen werden, denn sie könnten verdorben sein.

Im Mai und Juni locken gebratene **Maischollen**. Eine besondere Delikatesse sind die schmackhaften kleinen **Nordseekrabben**, die eigentlich als Garnelen zu klassifizieren sind und auch »Granat« genannt werden. Ob als Krabbencocktail, Beilage oder einfach auf einer Scheibe herzhaften Schwarzbrots mit Butter – Krabben bieten in jeder Zubereitungsart einen Hochgenuss.

Küstenkauderwelsch

Ausdeichung

findet meist als Folge schwerer **Sturmflutkatastrophen** statt: Ein Seedeich wird mitsamt dem dahinter liegenden Land aufgegeben.

Backbord

ist die linke Seite eines Schiffes (in Fahrtrichtung), markiert durch eine **rote Signallampe**.

Bake

ist eine Landmarke, die der Schifffahrt als **Navigationshilfe** dient. Oft ist es ein Holzgestell mit einem zwecks leichterer Identifikation besonders markanten Aufbau, errichtet auf einer hohen Düne. Eine spezielle Baken-Variante ist ein Kaap oder Kap. Hier ist der Aufbau unter dem hölzernen Topzeichen aus Stein gemauert. Vor dem Bau von Leuchttürmen stellte man in dunklen Sturmnächten offene Feuerschalen davor. Auch auf Baltrum gibt es zwei Kaaps: im Osten der Insel ein Original und am Westkopf ein Nachbau.

Balje

heißt eine **Rinne** im Watt, die auch bei Ebbe meist noch schiffbar ist. Anleger wurden auf den Ostfriesischen Inseln meistens dort errichtet, wo eine Balje möglichst dicht an die Küste heranführte, damit man sie auch bei niedrigerem Wasserstand anlaufen konnte.

Bernstein

auch »Gold des Nordens« genannt, ist nicht erst seit dem Dinosaurier-Spektakel »Jurassic Park« ein begehrter **Strandfund**. Auch auf Baltrum werden hin und wieder versteinerte Stücke fossilen Harzes – nichts anderes ist Bernstein – angeschwemmt. Vor allem bei anhaltendem **Ostwind** besteht die Chance auf einen Fund. Am Spülsaum abgesetzter, dunkler Braun-

kohlengrus kann ein Indiz für eine potenzielle Bernsteinfundstelle sein.

Boßeln
heißt der ostfriesische »Nationalsport«. Die **Boßel** ist eine etwa 500 Gramm schwere Holzkugel mit Bleikern. Zwei Mannschaften treten gegeneinander an. Sieger ist, wer auf einer vorbestimmten Strecke - meist eine wenig befahrene Landstraße - die **Kugel** mit den wenigsten Würfen ins Ziel treibt. Der Spaß hat einen ernsten Hintergrund: Einst benutzten die Friesen ihre Boßeln als Kriegswaffe.

➢Luftansicht von Westdorf

Buhnen
sind rechtwinklig zum Ufer ins Wasser hinausgebaute **Dämme**. Diese Bauten lenken die Strömung ab, brechen die Kraft auflaufender Wellen und tragen als **Schlickfänger** zum Erhalt des Ufers bei. Norderney war 1857 die erste Ostfrieseninsel, die man mit diesen Küstenschutz-Bollwerken bestückte. Da fast alle Nachbarinseln an ihrer Westseite teilweise erheblichen Landabbbruch erlitten, zog man auf den anderen Inseln nach.

Duckdalben
sind Gruppen aus mehreren in ein Hafenbecken oder den Meeresboden gerammten **Pfählen**. Sie markieren schmale Wasserwege und dienen als Festmachplatz für Schiffe. Für die Herkunft der Bezeichnung gibt es verschiedene Theorien. Plausibel scheint die Ableitung von dem niederländischen Begriff »duiken« oder dem plattdeutschen »ducken«, was in beiden Fällen eine gehockte Stellung bezeichnet. Einige halten das Wort jedoch für eine Verballhornung des Namens »Duc d'Alba«. Der Herzog von Alba (1507–1582) kämpfte 1567 als Generalkapitän des spanischen Königs im Zuge der Religionskriege gegen die protestantisch-reformierten Niederländer.

Feuerschiffe
sicherten durch optische und akustische Signale die Passage vor besonders gefährlichen Fahrwassern im Bereich der Deutschen Bucht.

➢ Luftblick auf Baltrum, im Hintergrund Langeoog – am unteren Zipfel der Insel sieht man die Buhnen

Die verbesserten Reichweiten der an Land installierten **Seezeichen** und vor allem auch die erheblichen Unterhaltskosten bewirkten in den 1980er-Jahren die Außerdienststellung der deutschen Feuerschiffe. Zwei der Veteranen lassen sich in der weiteren Umgebung Baltrums besichtigen: Die im Borkumer Hafen stationierte »Borkumriff« dient als funktionstüchtiges Nationalparkschiff und Informationszentrum, die »Deutsche Bucht« in Emden beherbergt ein schifffahrtsgeschichtliches Museum.

Gat

ist eigentlich die plattdeutsche Bezeichnung für Loch oder Tor. Im Wattenmeer bezeichnet man so eine besonders tiefe und breite Wasserrinne. Ein derartiges Seegat bildet sich meist in Bereichen mit ausgeprägten Strömungsverhältnissen, beispielsweise zwischen zwei Inseln. So liegt zwischen den Inseln Juist und Norderney das »Spaniergat«,

zwischen Baltrum und Norderney die »Wichter Ee« sowie zwischen Baltrum und Langeoog die »Accumer Ee«.

Grode

heißt das dem Watt vorgelagerte **Grünland** oberhalb des mittleren Tidehochwassers. Ist es von einem Grodendeich umschlossen, nennt man das Areal »Binnengroden«, liegt es außerhalb eines Deiches, lautet die Bezeichnung folgerichtig »Außengroden« oder auch »Heller«.

Lahnung

nennt man einen Busch-, Pfahl- oder Steindamm im Watt. Sie begünstigt die **Wattbodenaufhöhung** und Landgewinnung.

Lee

ist diejenige Seite eines Schiffes, die im **Windschatten** liegt. Wer spucken muss, sollte tunlichst diese Seite wählen ... denn von Luv bläst der Wind alles zurück, was man loswerden wollte.

Mole

Sie bietet der Schifffahrt einen durch den Molendamm geschützten **Ankerplatz**. Der Zugang zur offenen See ist schmal, selbst bei hohem Wellengang bleibt das Hafenwasser daher relativ ruhig. Der Baltrumer Hafen wurde erst während der Weltkriege zum Molenhafen ausgebaut.

Pricken

markieren Fahrwasser im Watt. Meist sind es in kurzen Abständen in den Wattboden gesteckte **Birkenstämme,** von denen bei Flut nur die obersten Zweige sichtbar bleiben.

Es handelt sich dabei keinesfalls um eine verzweifelte Wiederaufforstungsmaßnahme, wie der besorgte Binnenländer vermuten mag. Die Pricken müssen laufend erneuert werden. Stürme und Eisgang im Winter beschädigen sie häufig. Feste Markierungen wären jedoch sinnlos, weil sich die Strömungsverhältnisse und damit auch die Verkehrswege im Watt ständig verändern.

Priel

ist kein Geschirrspülmittel, sondern eine flache **Wasserrinne** im Watt, die sich bis zum Strandbereich fortsetzen kann. Selbst bei Niedrigwasser fallen Priele meist nicht ganz trocken. Tiefere Priele oder gar Baljen können für unkundige Wattwanderer ein erhebliches Risiko bedeuten, da sie sich bei einsetzender Flut schnell mit Wasser füllen. Ihre Tiefe und die in ihnen meist enorm starke Strömung machen eine Durchquerung dann unmöglich. Der Rückweg zum Ufer kann so plötzlich abgeschnitten sein.

Auf Reede

liegen die Schiffe außerhalb eines Hafens, entweder auf **Warteposition** oder vor Anker. Vor dem Bau eines Anlegers waren Baltrum anlaufende Schiffe mit größerem Tiefgang gezwungen, weit vor der Inselküste »auf Reede« zu verweilen. Wer an Land wollte, musste in ein kleines Ruderboot oder einen Pferdekarren umsteigen.

Seedeiche

auch Winterdeiche genannt, bieten den **Hauptschutz** vor Sturmfluten.

Siel

ist ein mit Toren bestückter **Deichdurchlass**, der nach dem Ventilprinzip funktioniert: Bei Flut schließen sich die Tore durch die Kraft des dagegendrückenden Wassers. Der Ebbstrom öffnet das Siel wieder, das dahinter liegende Wasser aus einem Fluss oder Kanal kann abfließen. Alte Sieltore sind in einigen ostfriesischen Hafenorten zu sehen und prägten oft sogar den Ortsnamen: Greetsiel, Neuharlingersiel oder Carolinensiel sind bekannte Beispiele dafür.

Sommerdeich

Er liegt als etwas niedrigere Anlage zwischen Meer und Hauptdeich, schützt neu gewonnenes **Vorland** und bietet zusätzlichen Flutschutz.

Steuerbord

nennt man die rechte Seite eines Schiffes (in Fahrtrichtung), markiert durch eine **grüne** Signallampe.

Warf

auch Warft oder Wurt genannt, war vor der Anlage der ersten Deiche (an der ostfriesischen Küste um 1000 n. Chr.) der einzige **Flutschutz** für die Bevölkerung. Auf den einige Meter hoch aufgeschütteten Erdhügeln errichteten die Friesen ihre Behausungen als letzten Fluchtpunkt, wenn die Naturgewalten wieder einmal für »Land unter« sorgten. Auch nach der Errichtung von Deichen erfüllten alte Warfen im Falle eines Deichbruchs noch manches Mal ihre angestammte Funktion.

➢ Bei Ebbe ragen die Buhnen weit ins Watt

Platt am Watt – Sprachverwirrungen

Wenn zwei Baltrumer Plattdeutsch sprechen, ist für den in dieser Hinsicht nicht besonders versierten Binnenländer kaum etwas bis gar nichts zu verstehen. Ein schlichtes »Moin!« versteht natürlich noch jeder, ohne dabei zu ahnen, dass in diesem universellen **Grußkürze**l nicht das Wort »Morgen« steckt. Das »Moin!« beinhaltet nicht nur einen »schönen Morgen«, sondern auch einen schönen Tag und schönen Abend, ist also den ganzen Tag anwendbar, denn »moij« heißt »schön«.

Völliges Unverständnis in Sachen Plattdeutsch kann zu erheblichen **Missverständnissen** führen.

Wenn der Pensionswirt murmelt, man könne ein »Küssen« haben, winkt nicht etwa ein amouröses Nordseeabenteuer, sondern der gute Mann bietet lediglich ein Kissen (Küssen) an. Ein Kuss hingegen heißt »Dutje«, was so ohne weiteres ja auch nicht gerade einfach zu verstehen ist.

Plattdeutsch ist nicht zu verwechseln mit **friesischer Sprache**. Friesisch war einst die Landessprache. Noch um das Jahr 800 herum wurde entlang der Nordseeküste von Flandern bis zur Grenze Jütlands sowie mehr oder minder tief landeinwärts Friesisch gesprochen, selbstverständlich mit Ausprägung lokaler Dialekte. Das **Friesische** ist keine deutsche Mundart, sondern eine eigenständige Sprache, ein Zweig der englisch-friesischen Spracheinheit, die aus dem Westgermanischen hervorgegangen ist, und am nächsten mit dem Angelsächsischen verwandt.

Im Zuge der **Reformation** verdrängte im Bereich der ostfriesischen Küste zwischen Weser und Ems das Plattdeutsche zunehmend die friesische Sprache. Etwa in der Mitte des 17. Jahrhunderts begann man in Norddeutschland und im lutherischen Teil Ostfrieslands, das Plattdeutsche zumindest im Amtsgebrauch und an den Schulen durch Hochdeutsch zu ersetzen. **Emden** sowie andere calvinistisch-reformierte Bereiche Ostfrieslands

➢ Blick auf die Wattkante

➢ Krabbenkutter mit hochgezogenen Fangnetzen

gingen jedoch zur niederländischen Sprache über. Im 18. Jahrhundert betrug der niederländische Anteil unter den in Emden erschienenen Druckwerken bis zu 71 Prozent. Bis 1879 wurde in Emdener Kirchen holländisch gepredigt. Noch heute benutzen auch die Baltrumer manche Wörter, die dem Niederländischen entnommen sind: Der berühmte **»Elfürtje«** (Elf-Uhr-Tee) ist ein Beispiel dafür, aber auch der »Poller« oder »Polder« (neu eingedeichtes, angeschlicktes Marschland). Ist dagegen beispielsweise von Füßen die Rede, ist die ebenfalls vorhandene Anlehnung an die englische Sprache unverkennbar: Die heißen auf Baltrumer Platt, very British, schlicht **»Footen«**.

Erst spät wurde auf der Insel Hochdeutsch als **Amtssprach**e eingeführt. Es ist daher zu verstehen, dass viele Baltrumer während der Anfänge des Fremdenverkehrs auf der Insel um 1840 arge Bedenken hatten, ob zwischen ihnen und den »dütsen« Gästen überhaupt eine Kommunikation möglich sei.

Heute ist das **Inselplatt** auf Baltrum durchaus noch in Gebrauch, aber im Umgang mit Hochdeutsch, anderen Dialekten und fremden Sprachen sind die Insulaner längst versiert - 150 Jahre Fremdenverkehr blieben da nicht folgenlos. Wer die Gelegenheit hat, einmal einem längeren auf Plattdeutsch geführten Gespräch zu lauschen, wird rasch ein vielleicht bis dahin gehegtes Vorurteil begraben, die Sprache der Küste würde plump klingen. Als Paradebeispiel dafür mag ein schöner Satz gelten, der inhaltlich das Dilemma eines gescheiterten Liebespaares kommentiert: »Wenn hei nei son hart Hart hatt har, har hei hör hatt!« (Wenn er nicht so ein hartes Herz gehabt hätte, hätte er sie gehabt.)

Literaturtipp:
Hartmut Cyriacks, Peter Nissen: Sprachführer Plattdüütsch. Ein Lehr- und Lernbuch. Quickborn Verlag, Hamburg 1997

Geschichte

Von der Sandbank zum Seebad – die Geschichte Baltrums

Armselige Hütten und Schilfnetze

Während der letzten Eiszeit kam der Weg zum Strand von der heutigen Position Baltrums aus einer ausgedehnten Reise gleich, denn vor **12.000 Jahren** verlief die Küstenlinie auf einer Höhe zwischen Skagerrak und Newcastle. Großbritannien ließ sich trockenen Fußes vom Kontinent aus erreichen, und nördlich der **Doggerbank** lagen die Mündungen von Elbe und Themse in trauter Nachbarschaft zueinander. Die Doggerbank liegt heute 13 Meter unter dem Meeresspiegel, doch noch immer finden sich hin und wieder in den Schleppnetzen der Fischer Knochenreste längst ausgestorbener **Urzeittiere:** bisher über 2000 Backenzähne vom Mammut, Skelettteile vom wollhaarigen Nashorn, Riesenhirsch, Wisent und Höhlenbär.

➢ Strandhafer

Hunderte von Kilometern lag die damalige Küstenlinie vom jetzigen Ufer entfernt. Keine idealen Bedingungen also für Baltrumer Badekuren, was allerdings niemanden störte. Zu dieser Zeit existierte das Eiland noch nicht, ebenso wenig wie die ostfriesischen Nachbarinseln.

Nach dem Ende der Eiszeit senkte sich der Boden, die Nordsee flutete an die heutige Küstenlinie heran und begrub unter ihren Wassermassen zunächst auch den Teil des Festlandes, der sich auf dem späteren Areal Baltrums befand. Doch was Wind und Wellen genommen hatten, bauten sie im Falle der Ostfriesischen Inseln langsam wieder auf. An der Abbruchkante zwischen seichtem Watt und tieferem Meeresboden bildeten **Ablagerungen** von Sandpartikeln und Schlick eine Sandbank. Als diese Barriere schließlich die mittlere Hochwassermarke überragte, übernahm der Wind die Rolle des Landschaftsarchitekten. Er blies Dünenketten auf und wehte die Samen der Binsenquecke, des Strandhafers und anderer **Pionierpflanzen** herbei, deren hartnäckige Wurzeln die fragilen Sandgebilde festigten.

Auf Dauer bleibt kaum eine Landschaft menschenleer. Wann die Sandbänke zu bewohnten Inseln avancierten, ist nicht mehr zu klären. Das Leben der ersten Siedler auf den Sandbollwerken vor der rauen ostfriesischen Küste wird in frühesten Zeiten nicht allzu bequem gewesen sein. Zwischen ihrem Lebensstandard und dem der **Römer**, die noch vor Beginn der christlichen Zeitrechnung Expeditionen in die Nordsee schickten, lagen mit Sicherheit Welten. Strabo (63 v.Chr. - verm. 28 n.Chr.), griechischer Geograph und Geschichtsschreiber in römischen Diensten, berichtet von der Besetzung einer in der Emsmündung gelegenen Insel namens Burchana durch Truppen des Feldherrn Drusus im Jahre 12 v.Chr. Auch Plinius der Ältere (23-79 n.Chr.) betätigte sich als lokaler Chronist, indem er beschreibt, dass die der ostfriesischen Küste vorgelagerten Inseln den römischen Soldaten durch ihre Waffen bekannt wurden und erwähnt, die Insel **Borcana** werde von den Truppen wegen ihres Reichtums an wild wachsenden Hülsenfrüchten **Fabaria (Bohneninsel)** genannt. Ob nun das hier vermutlich beschriebene Borkum seinerzeit mit Baltrums westlichen Nachbarinseln Juist und Norderney eine einzige **Großinsel** bildete, wie eine (bislang unbewiesene) Theorie behauptet, oder nicht: Sicher ist, dass der vorhandene Bohnenreichtum die Römer wenig beeindruckt hat.

Die weiteren Beschreibungen Plinius' lassen vermuten, dass der zivilisationsverwöhnte Weltbürger angesichts der unkomfortablen Lebensverhältnisse auf den Inseln einen regelrechten **Kulturschock** erlitt: Dort bewohnt ein beklagenswert armes Volk hohe Erdhügel, die man so hoch aufgeworfen hat, wie erfahrungsgemäß die höchste Flut steigt. In den darauf errichteten Hütten gleichen sie Seefahrern, wenn das Meer das Land ringsumher überflutet, und Schiffbrüchigen, wenn das Wasser zurückgeflutet ist. Um die Hütten herum fangen sie die Fische, die mit dem Meer zurückfliehen. Diese Menschen können kein Vieh halten und sich nicht wie ihre Nachbarn von Milch ernähren. Aus Schilf und Binsen flechten sie Stricke

➢ Die goldene Sonnenscheibe (Ø 14,5 cm) wurde 1910 in Moordorf bei Aurich ge-funden. Man nimmt an, dass sie bei kultischen Handlungen von Sonnenverehrern auf einem Wagen umhergefahren wurde.

➢ Edzard der Große von Ostfriesland aus dem Geschlecht der Cirksena (um 1415)

für ihre Netze. Und mit den Händen formen sie den Schlamm und lassen ihn an der Sonne trocknen. Darauf kochen sie ihre Speisen und wärmen daran ihre vom Nordwind erstarrten Glieder. Zum Trinken haben sie nur das Regenwasser, das sie in Gruben am Vorplatz ihrer Häuser aufbewahren. Wenn diese Menschen nun aber vom römischen Volk besiegt werden, dann reden sie von **Sklaverei**.

Dieser letzte Satz zeugt vom völligen Unverständnis des Römers für die Lebensumstände der Ostfriesen, die ihr sicher einfaches, aber freies Dasein dem Joch einer Fremdherrschaft vorzogen.

Für ihre Freiheit kämpften die **Ostfriesen** unerbittlich. Das bekamen sogar die gefürchteten Wikinger zu spüren, die im 9. Jahrhundert mehrfach die Nordseeküste überfielen und sogar Teilgebiete längere Zeit beherrschten. In einer legendenumwitterten, vermutlich bei **Norden** ausgetragenen Entscheidungsschlacht wurden die Eindringlinge von den Friesen jedoch endgültig vertrieben.

»Gott schuf das Meer, der Friese die Küste«

Um die Jahrtausendwende herum revolutionierte der Deichbau das Leben an der Nordseeküste. Vorher schützten die exponiert im Bereich von **Ebbe und Flut** lebenden Einheimischen ihren Besitz und sich selbst individuell durch die Anlage der Warfen, die schon Plinius verwundert beschrieben hatte. Ein Deich, der als Bollwerk gegen die Flut ganze Ländereien schützen sollte, ließ sich nur durch Neuorganisation des Gemeinschaftslebens und die Zusammenarbeit unterschiedlicher Gruppen realisieren. Tief greifende gesellschaftliche Veränderungen waren die Folge. Hatte es zuvor in **Friesland** wie auch in anderen Gegenden Freie, Halbfreie und Unfreie gegeben, brachte der Einsatz beim Deichbau den Mitgliedern aller Stände die persönliche Freiheit.

Gott schuf das Meer, der Friese die Küste, lautet ein etwas unbescheidener Wahlspruch, der diese Leistung kommentiert. Doch wer letzten Endes bei der Uferliniengestaltung der maßgeblichere

Architekt blieb, sollten die Inselbewohner während vieler verheerender Sturmfluten noch schmerzlich erfahren.

Falls es jemals eine **Großinsel** in der Emsmündung gegeben hat, war sie im 13. Jahrhundert jedenfalls nicht mehr vorhanden. Andernfalls hätte diese Insel in den Berichten der **Kreuzritter** sicher Erwähnung gefunden, denn 1227 sammelte sich die Flotte der friesischen Kreuzfahrer vor Borkum zum fünften Kreuzzug unter Friedrich II. (1194–1250). Der Staufer konnte mit den Kampfgenossen von der Nordseeküste zufrieden sein. Schließlich gelang es ihm mit ihrer Hilfe, sich 1229 zum König von **Jerusalem** krönen zu lassen.

Zum siebten Kreuzzug unter Ludwig IX. (1214–1270), zu dem auch die Dominikanerbrüder des Klosters Norden aufriefen, sammelten sich wieder 50 stolze Friesenkoggen vor Borkum. Doch diesmal stand das Unternehmen, an dem sich möglicherweise auch Baltrumer beteiligten, unter einem unglücklichen Stern. Widrige Winde hielten die **Flotte** volle drei Wochen vor der Insel fest, und die Mannschaften hätten besser daran getan, gleich in der Heimat zu bleiben. Vor Tunis erlag Ludwig wie die Mehrzahl seiner Truppen rasch ausbrechenden Seuchen.

Während der so genannten **Häuptlingszeit** (um 1350–1464) war Ostfriesland in die Machtbereiche diverser Lokalfürsten zersplittert. Die Inseln gehörten zeitweise zum Herrschaftsgebiet der mächtigen Häuptlingsfamilie tom Brok, Häuptlingsgeschlecht deren Herrschaftszentrum das Brookmerland war. Unter der Protektion dieser Sippe richtete sich der berühmte Seeräuber **Klaus Störtebeker** Klaus seinen Stützpunkt in Marienhafe ein (siehe auch Kapitel »Als Störtebeker nach Ostfriesland kam«). Widzel tom Brok ist die erste urkundlich überlieferte Erwähnung Baltrums zu verdanken: 1398 trug er dem **Herzog Albrecht von Bayern**, der zugleich Graf von Holland war, das Lehen über Borkyn, Just, Burse, Osterende, Balteringe, Langoch, Spiekeroch ende Wangeroch an. Der Ursprung des Namens Balteringe blieb bislang ungeklärt, doch sicher ist, dass mit dieser Bezeichnung das heutige Baltrum gemeint ist, welches zum erwähnten Zeitpunkt eine längst besiedelte Insel war. In der Aufzählung fehlt der Name Norderney. Zwischen Juist und Baltrum lagen zwei Inseln, Buise (Burse) und Osterende. Buise war einst eine nicht unbedeutende Insel, doch die gewaltigen Sturmfluten des 14. Jahrhunderts teilten

Als Störtebeker nach Ostfriesland kam

Vom Jadebusen bis zum Dollart säumt die »Störtebeker-Straße« die ostfriesische Festlandküste. Fantastische Geschichten von gekaperten Koggen, sagenhaften Schätzen und gruseligen Grausamkeiten kommen jedem Besucher Ostfrieslands eher früher als später zu Ohren. Und im Zentrum fast aller geheimnisumwitterten Berichte steht der legendäre **Klaus Störtebeker**.

Die Fama verfremdet vieles. Die Facetten des überlieferten Störtebeker-Bildes reichen vom Typus des blutrünstigen Rohlings bis zum edelmütigen Charakter eines Robin Hood der Meere – es lässt sich eben alles Mögliche behaupten über einen Mann, der seit 600 Jahren tot ist. Sicher ist nur, dass er tatsächlich existierte, seiner seeräuberischen Profession auch in ostfriesischen Gewässern nachkam und nach dem 20. Oktober 1401 auf dem Hamburger Grasbrook enthauptet worden ist. Und »Störtebeker« ist höchstwahrscheinlich nicht der Geburts-, sondern sozusagen ein Künstlername. Das auf Hochdeutsch so viel wie **»Becherstürzer«** bedeutende Pseudonym leitete sich angeblich aus der grandiosen Angewohnheit des trinkfesten Klaus ab, mehrmals täglich seinen enormen Bierkrug restlos zu leeren. Wer nun insgeheim denkt, das schaffe er schließlich auch, sei auf folgende Modalitäten hingewiesen: Störtebeker trank, ohne abzusetzen – und der Krug fasste sechs Liter.

➢ Angebliches Porträt von Klaus Störtebeker. Der Kupferstich von Daniel Hopfer entstand um 1550 und stellt tatsächlich den Hofnarren Maximilians I., Kunz von der Rosen, dar.

Die Geschichte der »Vitalienbrüder« oder **»Likedeeler«** (»Gleichteiler«, denn alle Besatzungsmitglieder erhielten den gleichen Beuteanteil) begann eigentlich auf der Ostsee. 1389 ließ die dänische Königin Margarete I. ihre Truppen gegen Schweden vorgehen. Obwohl der Schwedenkönig Albrecht III. bald in Gefangenschaft geriet, widerstand die Stadt Stockholm hartnäckig der Belagerung, der Konflikt zog sich hin. König Albrecht war auch Herzog von Mecklenburg. Die Mecklenburger begannen nun ihrerseits gegen Dänemark vorzugehen, allen voran die Hansestädte Rostock und Wismar. In Ermangelung eigener Truppen besannen sich die Honoratioren auf ein ebenso probates wie preisgünstiges Mittel der Kriegsführung. Sie statteten eine Horde wilder Abenteurer mit **Kaperbriefen** aus. Der offizielle Auftrag lautete zwar, nur feindliche - also dänische - Schiffe anzugreifen, aber auf Dauer konnten die Piraten mit der Lizenz zum Kapern den Verlockungen der sich zahlreich bietenden Möglichkeiten, wohl beladene Handelsschiffe anderer Nationalitäten kurzerhand aufzubringen, nicht widerstehen. Nachdem sich die Vitalienbrüder (Ableitung von »Viktualien« = Lebensmittel) auf **Gotland** einen strategisch günstigen Stützpunkt verschafft hatten, brachten ihre Aktivitäten den Ostseehandel während der 90er-Jahre des 14. Jahrhunderts zeitweise fast zum Erliegen.

Am 21. März 1398 kam für die Vitalienbrüder mit der Landung eines Expeditionskorps des Deutschen Ritterordens das Ende der gotländischen Ära. In der Ostsee hatten sie fortan ausgespielt. Was lag also näher als ein Wechsel in die Gefilde der Nordsee? **Ostfriesland** bot mit zahlreichen Buchten, Kanälen und Flüssen eine Vielzahl geeigneter Schlupfwinkel, vor der Küste versprach die Schiffsroute zwischen Hamburg, Bremen und der Ärmelkanal-Region reiche Beute. Besonders famos war jedoch die Tatsache, dass die lokale Obrigkeit sie nicht nur unbehelligt ließ, sondern sogar mit offenen Armen empfing. Während der so genannten **»Häuptlingszeit«** (um 1350–1464) verteilte sich die Macht im Lande auf eine ganze Anzahl regionaler Herrscher, die sich in bunt wechselnden Allianzen befehdeten. Als sichtbares Zeichen ihrer bevorzugten Stellung galt meist ein Steinhaus, eine »Burg«, deren Errichtung den Friesen nach alten Rechtssatzungen untersagt war.

Beim Ausfechten nachbarschaftlicher Streitigkeiten waren die ostfriesischen Häuptlinge in der Wahl ihrer Mittel alles andere als zimperlich. Noch heute erzählt man schaudernd die Geschichte von **Edo Wiemken**, Häuptling der Herrschaft Jever. Als seine Schwester von ihrem Ehemann,

➢ Historische Ansicht der Marienkirche in Marienhafe mit dem sechsstöckigen Störtebekerturm

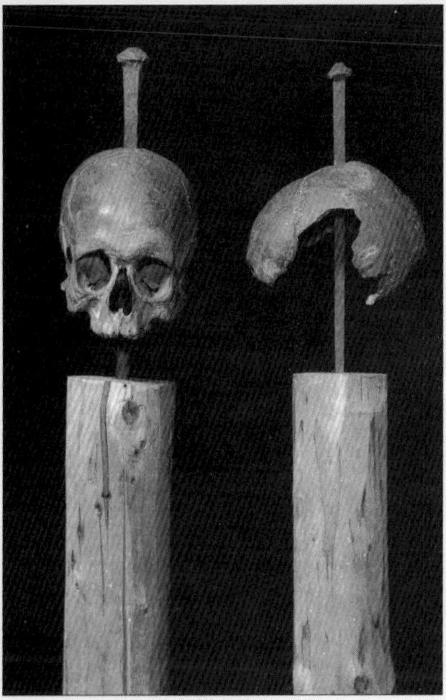

➢ Zwei Schädel von enthaupteten Seeräubern im Museum für Hamburgische Geschichte

dem Häuptling von Esensham, verstoßen worden war, nahm Wiemken seinen Schwager Husseke Hayen gefangen, ließ ihn wochenlang foltern und schließlich in zwei Hälften sägen - mittels eines feuchten Hanfseils.

Dieser sympathische Mensch soll als erster der Häuptlinge den Vitalienbrüdern Unterschlupf gewährt haben. Andere folgten bald seinem Beispiel. So soll Klaus Störtebeker die Tochter des Häuptlings Keno tom Brok geheiratet und den **Kirchturm von Marienhafe** zum Räuberhauptquartier gemacht haben. Die Leybucht reichte seinerzeit bis zur Kirche heran. Noch heute kursieren wunderbare Erzählungen von dem Störtebeker-Schiff, das unter vollen Segeln bis zur Kirche braust, um direkt am Gemäuer festzumachen. In der Marienhafer Kirche kündet ein sehenswertes **Störtebeker-Museum** von den finsteren Aktivitäten des prominenten Piraten.

Bessere Hilfstruppen als die Vitalienbrüder gab es nicht: Sie waren kampferprobt, mobil und versorgten sich selbst. Überdies füllte der Handel mit ihrem Beutegut manch leere Kriegskasse. Natürlich versuchten die Kaufleute der Hanse, gegen diese geschäftsschädigenden Praktiken vorzugehen. Doch kaum hatten ihre Soldaten und Unterhändler einen Häuptling in die Knie gezwungen und den Seeräubern so die Landbasis entzogen, heuerten die Piraten bei einem benachbarten Clanchef wieder an. Erst im **April 1400** gelang einem hanseatischen Geschwader der alles entscheidende Schlag. In der Osterems vor Borkum stellte es drei Piratenschiffe. 80 von 200 Vitalienbrüdern wurden im Kampf getötet, weitere 25 später an Land gefangen genommen und nach kurzem Prozess hingerichtet.

Unter den wenigen Männern, denen die Flucht gelang, befanden sich auch die berüchtigten Anführer **Godeke Michels** und Klaus Störtebeker. Doch ihre Tage waren gezählt. **1401** nahmen die Hamburger Störtebeker gefangen, im Jahr darauf auch Godeke Michels. Irgendwann nach dem 20. Oktober 1401 schlug des sagenhaften Störtebekers letztes Stündlein, gemeinsam mit 72 seiner Kumpanen. Und wer überhaupt je irgendetwas über diese Inkarnation eines Piraten gehört hat, weiß von seinem finalen Pokerspiel mit dem Scharfrichter: Störtebeker bot an, nach seiner Enthauptung noch die Reihe seiner angetretenen Kameraden entlangzulaufen – wen er derart passiert hätte, sollte der Todesstrafe entgehen. Scharfrichter Rosenfeld schlug erst ein – dann zu und musste erleben, wie sich der kopflose Pirat in Bewegung setzte. Als Mann der Praxis verlor Rosenfeld jedoch nicht die Übersicht. Er stellte Störtebeker ein Bein (was für den Piraten aus nahe liegenden Gründen nicht zu sehen war) und setzte so dem Spuk ein krachendes Ende.

Immerhin – das sicherlich ereignisreiche Leben des Klaus Störtebeker endete mit einer Erinnerung an Ostfriesland, wenn man an die Authentizität seiner angeblich letzten Worte vor der Exekution glauben mag:

> »Ich ertrage die langsam berechnende Weise nicht, wie Ihr klug und schlau, ja mit List Euren Reichtum zusammenscharrt, von dem niemand einen Nutzen hat, wenn Ihr in Eurem Wohlleben auch noch so ernst und ehrbar dreinschaut. Dieses erinnert mich an ein Bild, das ich an der Kirchenwand in Marienhave abkonterfeit sah: Der Fuchs steht auf der Kanzel und predigt den Leuten Moral, Gehorsam und Frömmigkeit. Ich aber griff kühn hinein und nahm rasch, während Ihr spekulierend zu Werke geht. Eure Weise lobt die Welt, weil sie nicht hinter Eure Schliche zu sehen vermag; meine Weise zu nehmen verurteilt sie, und doch bleibt sich die Sache auf ein Haar gleich.«

Informationen:

- Störtebeker-Museum in der Kirche zu Marienhafe, geöffnet von April bis September
  Mo–Sa 10–12 und 14–17 Uhr,
  Fr 10–12 und 14–16.30 Uhr,
  So 14–17 Uhr. Gruppen nach Voranmeldung,
  Tel. 04934/374 od. 4071.

➢ Das Störtebeker-Denkmal in Marienhafe

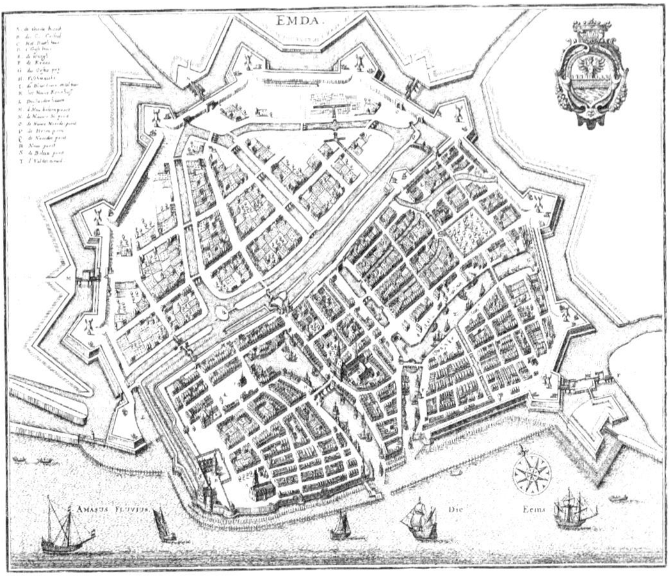

➢ Emden nach einer Merian-Ansicht aus der 1. Hälfte des 17. Jahrhunderts

es. Die größere Restinsel behielt den Namen Buise. Den nunmehr abgesprengten, östlich gelegenen Bereich nannte man Osterende. Beide Inseln waren besiedelt, als ihre Namen in besagter Urkunde von 1398 angeführt wurden.

1464 setzte sich das Greetsieler Geschlecht der **Cirksena** nach verschiedenen politischen und militärischen Winkelzügen gegen die meisten ostfriesischen Häuptlinge durch. Kaiser Friedrich III. erhob den Cirksenaer Ulrich I. zum Reichsgrafen. Die **Reichsgrafenschaft Ostfriesland** mit der Residenz Emden umfasste nach der kaiserlichen Lehnsurkunde das Gebiet zwischen Unterems und Unterweser und, über die Ems westwärts hinausgehend, das Rheiderland. Auch Baltrum zählte zum Gebiet der Reichsgrafenschaft. Für die Insulaner bedeutete der Herrschaftswechsel allerdings wenig. Die Ostfriesischen Inseln galten als unmittelbares **Herrenland**. Die Bewohner besaßen kein Grundeigentum, sondern verfügten lediglich über den Status von Erbpächtern. Da politische Rechte wesentlich mit Grundbesitz verbunden waren, hatten sie unter der neuen Führung ebenso wenig zu bestimmen wie unter den Häuptlingen. Zu Gesicht bekamen sie den jeweiligen Landesherrn ohnehin kaum jemals. Lokaler Vertreter der Obrigkeit war der Inselvogt, dem es oblag, die Steuern einzutreiben und im Falle der Strandgutbergung dafür zu sorgen, dass der Graf das ihm dabei zustehende Drittel erhielt.

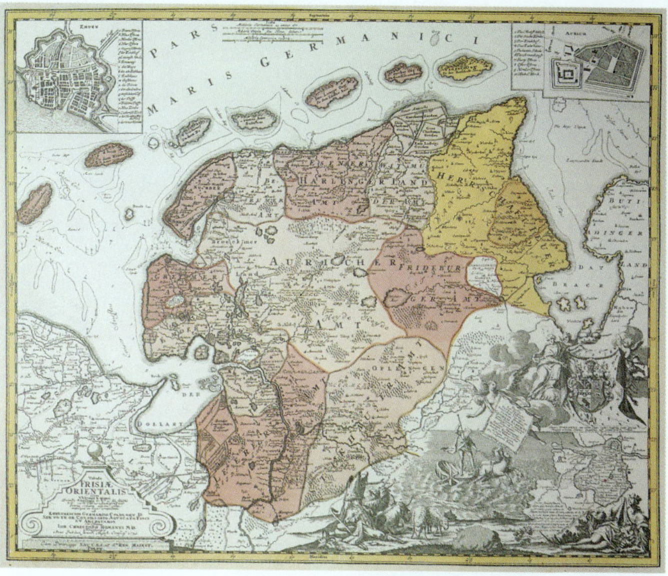

➢ Ostfrieslandkarte nach Ubbo Emmius von 1730

Muschelschill und Walspeck

Um 1650 hatte Baltrum noch eine Länge von etwa acht Kilometern. Allerdings sorgten Wind und Meeresströmung für stetigen **Landabtrag** an der Westseite. Westlich Baltrums bewies die Naturgewalt ihre Schöpfungskraft in noch erheblicherem Ausmaß: Der einstige Buiser Ostzipfel Osterende wuchs zur Insel Norderney heran.

Norderneys Wachstum bedeutete gleichermaßen Buises Untergang. Der meiste Sand, der Norderneys Fläche vergrößerte, kam von der alten **Mutterinsel Buise**, die 1544 nur noch aus zwei Dünengruppen mit einem dazwischen liegenden flachen Strand bestand. Priele und Baljen verlagerten ihre Ströme. 1657 war das längst unbewohnte Buise nur noch eine Sandbank, von jeder normalen Flut überspült. Wenig später verschwand die Insel endgültig.

Die Veränderungen fanden damit längst kein Ende. Seit 1650 hat sich Baltrum um mehr als vier Kilometer nach Osten verlagert. Zur Zeit des Buiser Untergangs lag die Westgrenze Baltrums dort, wo sich heute die östlichen Dünen Norderneys befinden. Tatsächlich entdeckte man am Ostende Norderneys die Grundmauern der vermutlich **ersten Baltrumer Kirche**.

Um 1700 gab es auf Baltrum 14 Haushalte, was etwa einer Einwohnerzahl von 80 Personen entsprach. Mit großen Reichtümern waren sie nicht gesegnet. Trotz der damals noch größeren Inselfläche gab es

➢ Walfänger bei der Arbeit

nur sehr eingeschränkte Möglichkeiten, Landwirtschaft zu betreiben. Die großen Sturmfluten im 17. und zu Beginn des 18. Jahrhunderts hatten viel Baltrumer Boden weggerissen. Um 1720 riss die Nordsee sogar eine **Timmermanns Schlopp** genannte Rinne durch die Insel, die Baltrum zeitweise zweiteilte. Das nutzbare Weideland reduzierte sich auf den **kleinen Heller**, den zudem oft Flugsand verschüttete. Eine Steuerliste von 1738 dokumentiert den damaligen Baltrumer Viehbestand: drei Pferde, sechs Kühe, zehn Schafe und einige Lämmer. Den Lebensunterhalt bestritten die Insulaner hauptsächlich durch Fischfang und Gewinnung von **Muschelschill.** Muschelkalk fand als Baumaterial auch auf dem Festland Verwendung.

➢ Walfangutensilien (aus einem Lexikon des 19. Jahrhunderts)

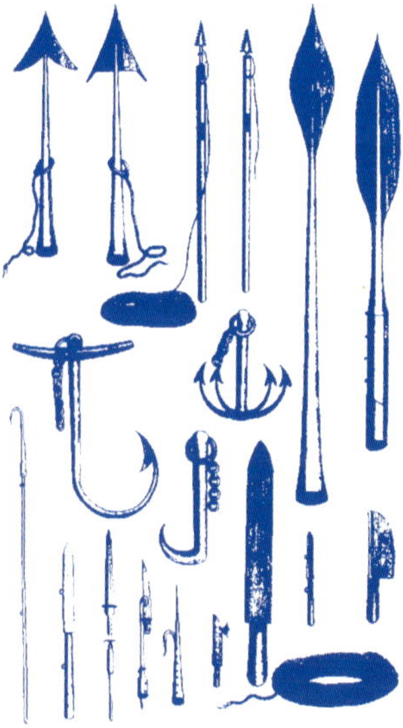

Viele Baltrumer fuhren zur See, um sich und ihre Familien zu ernähren. Nicht selten blieben sie auf See – verunglückten also bei Schiffsunfällen oder starben unterwegs an Krankheit. Die meisten fuhren auf deutschen oder europäischen Handelsschiffen, was riskant genug war. Einige jedoch heuerten auf **Walfangschiffen** an. Der Job war lukrativ, aber äußerst gefährlich. Die meist dreimastigen, selten mehr als 300 Tonnen schweren Segelschiffe segelten im März/April aus den heimischen Gewässern bis zur grönländischen Küste weit über den nördlichen Polarkreis heraus. Ziel der Jagd war das Sommerrevier des **Grönlandwals**, dessen Tran und Fischbein als begehrte Handelsgüter galten. Die Wale wurden von kleinen Schaluppen aus mit Handharpunen gejagt, mit Lanzen getötet und schließlich längsseits am Rumpf des Walfangschiffes befestigt und abgespeckt. Mit **Steigeisen** und an langen Stielen befestigten Messern bewaffnet, stiegen die Speckschneider auf den glitschigen Leib des Beutetieres, um die Speckschwarten herunterzuschneiden, aus denen man den Tran herauskochte.

Bei dieser Art Jagd lag das Risiko mindestens ebenso bei den Jägern wie bei den Gejagten. Schlagende **Walfluken** zerfetzten so manches Harpunierboot mitsamt der Besatzung, beim Speckschneiden gab es Unfälle und die einseitige, vitaminarme Ernährung auf den Schiffen - meist gab es graue Erbsen mit Salzfleisch oder gelbe Erbsen mit Stockfisch - führte häufig zu Skorbut. Eine noch größere Gefahr stellten jedoch die gewaltigen Stürme des Nordens und das Packeis dar. Jedes **Walfangschiff** führte ausreichend Proviant für eine außerplanmäßige Überwinterung mit. Es geschah in fast jeder Saison, dass Schiffe in Packeis gerieten, nicht wieder freikamen und von den Eismassen regelrecht zerdrückt wurden. Sank das Schiff, versuchte die Besatzung auf dem Eis zu überleben, stets in der Hoffnung, von einem anderen Walfänger entdeckt und aufgenommen zu werden. Blieb so eine zufällige Rettung versagt, nahte unweigerlich das Ende.

Trotz dieser Risiken lockte der **Wohlstand**, der sich durch die Beteiligung am Walfang erwerben ließ, die Männer von Baltrum jedes Jahr wieder nach Norden. Die Ära der Walfänger endete jedoch bereits in den 80er Jahren des 18. Jahrhunderts, nachdem zwischen England und den als Seemacht erstarkten Niederlanden ein Krieg um die Vormachtstellung auf dem Meer ausgebrochen war (1780-83), der den Walfang und auch den Seehandel nachhaltig unterband.

➢ Walfangutensilien (aus einem Lexikon des 19. Jahrhunderts)

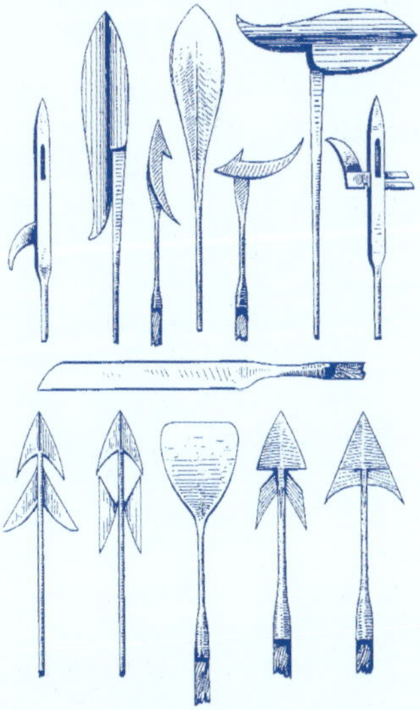

➢ Fischfangimpressionen

Baltrum im Departement Oost-Vriesland

Bald schufen europolitische Großereignisse die Voraussetzungen für neue Erwerbsmöglichkeiten auf Baltrum, wobei es sich allerdings wiederum um Geschäfte der riskanten Art handelte.

Im nachrevolutionären Frankreich hatte sich **Napoleon Bonaparte** zum Kaiser krönen lassen. Nach seinem Sieg bei Austerlitz (2. Dezember 1805) über Österreich und Russland verbündete sich Preußen mit Frankreich - ein Schachzug, der die spätere militärische Niederlage der Preußen nicht verhinderte: Bei Jena und Auerstädt unterlagen sie den französischen Truppen am 14. Oktober 1806. Im Friedensvertrag von Tilsit musste Preußen alle Hoheitsgebiete westlich der Elbe abtreten.

Napoleon schlug Ostfriesland den ebenfalls unter französischer Herrschaft stehenden Niederlanden als Departement Oost-Vriesland zu. Gemeinsam mit den Landesherren wurde Ostfriesland in die folgenden Auseinandersetzungen zwischen Engländern und Franzosen verwickelt. 1806 erließ Napoleon die **Kontinentalsperre** gegen alle englischen Waren. Im Gegenzug belegte England die kontinentale Schifffahrt mit einem Embargo. Der legale Seehandel kam fast vollständig zum Erliegen.

Unter diesen Umständen nahm der **Schmuggel** zwangsläufig gewaltigen Aufschwung. Die exponierte Lage Baltrums vor der gut bewachten Festlandküste machte die Insel zum idealen Schmugglernest. Für einen Teil der Einwohner - vor allem für arbeitslose Seeleute, die wegen der **Handelskrise** keine Aussicht auf eine legale Heuer hatten - bot der illegale Warenhandel endlich wieder eine lukrative Erwerbsquelle.

Den Schmuggel nahm Napoleon zum Anlass für weitere territoriale Veränderungen. Per Dekret wurde das Königreich Holland zum Bestandteil Frankreichs, aus Ostfriesland wurde das Département de l'Ems oriental mit den Arrondissements Emden, Aurich und Jever. Um den **Schmuggel** vor der Küste zu unterbinden, besetzten französische Truppen die Inseln und legten Befestigungen an. Auch auf Baltrums Nachbarinsel Norderney errichteten sie ein Fort. Das hinderte die Baltrumer jedoch kaum daran, ihre Schmuggeltätigkeit fortzusetzen. Meist unternahmen sie heimliche Fahrten nach Helgoland, das unter englischer Oberhoheit stand und als Stapelplatz für die Schmuggelware aus Großbritannien diente. Über das Watt brachte man die **Konterbande** dann von Baltrum zum Festland. Die Chance, dabei von den Franzosen unbemerkt zu bleiben, war groß. Die Baltrumer kannten ihre Insel und das Wattenmeer schließlich bedeutend besser als die Besatzer und nutzten ihren Heimvorteil ausgiebig.

In der Folge des gescheiterten Russlandfeldzugs der Grande Armée zogen die Franzosen wieder ab. 1813 wurde Baltrum erneut preußisch. Der Frieden zwischen den Siegermächten entzog dem Schmuggel die Grundlage. Die Insulaner mussten wieder auf traditionelle Art ihren Lebensunterhalt verdienen, was bedeutete, dass der kärgliche Ertrag aus Landwirtschaft und Fischerei in der Regel nur ein ärmliches Dasein zuließ.

Zu dieser Zeit hatte das Baltrumer Inseldorf drei Ortsteile. Es gab das Westdorf mit sieben Häusern und der Predigerwohnung, die zugleich als Kirche diente, nachdem die eigentliche Inselkirche 1808/09 abgerissen werden musste. Den Ortskern bildete das Mitteldorf mit 14 Häusern, und im Osten gab es eine kleine Ansiedlung von vier Gebäuden. Doch diese Topographie sollte sich bald erheblich ändern.

Die Nacht, in der die Nordsee kam

In der Nacht vom 4./5. Februar 1825 trennte eine schwere Sturmflut Baltrum vorübergehend in zwei Teile und zerstörte das Westdorf vollständig. Wundersamerweise konnten alle Bewohner ihr Leben retten. Der Bericht des Chronisten Friedrich Arends beschreibt jedoch eindringlich genug das Ausmaß ihrer Not:

»Aber furchtbar hausete die Sturmfluth auf der Insel Baltrum. Eine solche **Verwüstung** wie diese Insel erlitt, haben auf der ganzen Küstenstrecke der Nordsee nur die Halli-

➢ Baltrumer Badeimpressionen, um 1900

gen erlitten. Das Wasser trat hier so unerwartet schnell in die Häuser, dass die Bewohner eiligst entfliehen und alle Habe zurücklassen mussten, um nur ihr eigenes Leben zu erhalten ... Die unglücklichen Insulaner, voll Schrecken über den plötzlichen **unerwarteten** Überfall der See, flüchteten eiligst ... zum ersten besten Sicherheitsort, dieser nach ein hochstehendes Haus, jener auf die Batterie, die mehrsten auf die Dünen; hier mussten sie, fast jede Familie vereinzelt, die lange Nacht im Sturm ausharren; bald von der schwärzesten Finsterniss umringt, bald im hellglänzenden Mondschein. Aber nicht freundlich lächelte ihnen das sonst so wohlthätige Licht; es schien nur um so klarer den vollen Anblick des fürchterlichen Schauspiels ihnen darbieten zu wollen. Sie mussten Zeuge sein, wie ihre Häuser in Trümmer zergingen, ihre Habe wegschwamm, ihr Vieh in den Wellen ertrank, ohne helfen, ohne etwas retten zu können, noch froh, nur für ihr **nacktes Leben** in den hohen Dünen sichern Zufluchtsort zu finden ... Bald darauf baueten sie sich aus den übrig gebliebenen Trümmern ihrer Häuser kleine Hütten auf, die kaum menschlichen Wohnungen glichen.«

Bis auf zwei Häuser waren alle Gebäude auf der Insel zerstört. Das einstige Westdorf war überflutet, das frühere Mitteldorf nun zum neuen Westdorf geworden. Noch Jahre nach der Katastrophe leistete man vom Festland aus den Baltrumern mit **Geldmitteln und Sachspenden** Hilfe zum Wieder-

➢ Das Ausbooten erfolgte von den kleineren Booten auf Pferdewagen

aufbau. Gleich 1826 errichteten die Insulaner die noch heute erhaltene Inselkirche im Westdorf und installierten davor an einem Holzgerüst die Glocke, die zum Wahrzeichen der Insel wurde. Die gleiche Flut, die den Baltrumern so viel nahm, hatte diese **Glocke** während der Unglückstage im Februar 1825 auf die Insel gespült - zuvor diente sie auf einem holländischen Segler als Schiffsglocke.

Nur allmählich gelangte die Seefahrt zur erneuten Blüte. Vor allem betrieben die Baltrumer die **Langleinenfischerei** auf Schellfisch. Sie exportierten getrockneten Fisch bis nach Bremen und Hamburg. Doch bald verbreitete sich, ausgehend von England, die industrielle Methode der **Schleppnetzfischerei** mit Dampfschiffen in fast allen Nordseeregionen mit verheerenden Folgen für die vorher so reichen Fischbestände. Immer mehr Inselfischer standen vor dem Ruin. Auch die Frachtschifffahrt lohnte sich zunehmend weniger. Dampfschiffe liefen den traditionellen Segelschiffen in diesem Bereich ebenso den Rang ab. Um selbst Dampfschiffe zu betreiben, fehlten den meisten Insulanern die finanziellen Mittel.

Baltrumer Badezeit

Bei den Nachbarn auf Norderney hatte bereits vor der Franzosenzeit eine **neue Ära** begonnen. 1797 gründeten die Norderneyer das erste Seebad an der deutschen Nordseeküste. 1836 wurde das Seebad gar zur Sommerresidenz des welfischen Königshauses erklärt. Badegäste auf den Ostfriesischen Inseln, das sahen die meisten Einheimischen eigentlich zunächst nicht so gern. Doch gegen einträgliche Geschäfte ließ sich auf Dauer nicht ernsthaft etwas einwenden, und außerdem gewöhnte man sich an die Fremden. So entwickelte sich im Verlauf des 19. Jahrhunderts der **Fremdenverkehr** zur wesentlichen Stütze der Inselwirtschaft. Nur nicht auf Baltrum: Äußerst sel-

ten wählte ein Feriengast das neben dem mondänen Norderney so unbedeutend erscheinende Inselchen als Urlaubsort.

Nachdem Baltrum während der Katastrophe von 1825 erhebliche Flächen verloren hatte, kämpften die Einheimischen immer noch um die bloße Existenz ihrer Heimat. Erst ab 1873 stoppte der **Bau von Buhnen** den bis dahin kontinuierlichen Landverlust an der Westseite Baltrums, und nun konnte man sich auch hier um den Tourismus kümmern. 1876 gründeten die Baltrumer endlich ihr **Seebad**. Es dauerte jedoch etliche Jahre, bis sich ein regulärer Badebetrieb etablierte. 1890 erließ man eine Badeordnung, und erst 1893 – das Seebad Norderney bestand bereits seit annähernd einem Jahrhundert – eröffnete auf Baltrum das erste Hotel. Im Sommer 1900 zählten die etwa 150 Einheimischen immerhin schon 450 Gäste.

Nach dem Ersten Weltkrieg warb Baltrum mit dem Slogan: Besuchen Sie das Familienbad. Damals wie heute schätzten vor allem Familien mit Kindern die **beschauliche Ruhe** der kleinsten Ostfrieseninsel. Das blieb auch nach dem Zweiten Weltkrieg so, den Baltrum relativ unbehelligt überstand. Die **Anerkennung als Heilbad** (1949) und die Verleihung des Prädikats Staatlich anerkanntes Nordseeheilbad (1966) folgten.

So wurde der Fremdenverkehr mittlerweile auch auf Baltrum zum wesentlichen Wirtschaftsfaktor. Man investierte dementsprechend und baute Einrichtungen wie das Kurmittelzentrum, das SindBad oder das Kinderspöölhus. Ungefähr **40.000 Besucher** kommen pro Jahr. Doch trotz dieser hohen Gästezahl ist die Ruhe auf der kleinen Insel geblieben. Besonders ruhig ist es natürlich im Winter, dann sind auf Baltrum die Kureinrichtungen und die meisten Läden und Restaurants geschlossen. Aber auch in der Zwischensaison, wenn auf den Nachbarinseln schon wieder der normale Saisonbetrieb begonnen hat, müssen sich Baltrumbesucher u.a. auf eingeschränkte Öffnungszeiten einrichten. Dafür kann man hier dann die Dünenlandschaft und den beeindruckenden Strand fast allein genießen.

➢ Die romantischsten Sonnenuntergänge gibt es an der Küste

Sightseeing

Alte Inselkirche

Nach dem 1696 erbauten Gotteshaus von Spiekeroog ist Baltrums Alte **Inselkirche** die zweitälteste erhaltene Kirche der Ostfriesischen Inseln. Viele ältere Inselkirchen fielen allmählicher Landverlagerung und plötzlichen Flutkatastrophen zum Opfer. Derartige Veränderungen und Ereignisse gab es auch in Baltrums Geschichte. Reste einer frühen, wahrscheinlich der ersten, Baltrumer Kirche fand man am heutigen Ostrand von Norderney, weitere Bauten versanken im Gat zwischen den beiden Inseln. Die Alte Inselkirche im Westdorf entstand im Folgejahr der großen Flutkatastrophe von 1825. Es war die Kirche einer kleinen, armen Gemeinde. So errichtete man keinen Prunkbau mit hoch aufragendem Turm, sondern ein eher bescheidenes Haus mit beidseitig abgewalmtem Dach. Die Glocke hängt an einem schlichten Holzgerüst neben der Kirche.

Sogar diese Glocke, **Wahrzeichen der Insel**, ist »second hand«: eine alte holländische Schiffsglocke, 1825 von der Flut an Land gespült. 1930 wurde die neue evangelische Kirche eingeweiht. Die Alte Inselkirche nutzte man nur noch gelegentlich, vorübergehend sogar als Leichenhalle. Den drohenden Verfall des Gebäudes stoppte die 1992 vorgenommene umfangreiche **Restaurierung**. Heute finden in der einstigen Kirche Andachten, klassische Konzerte und andere kulturelle Veranstaltungen statt.

➢Unten: Das innere der St. Nikolaus-Kirche

➢ Die Alte Inselkirche mit dem frei stehenden Glockenturm

In der Nähe der Alten Inselkirche stehen einige der ältesten Häuser Baltrums. Das **Haus Nr. 5** ist vermutlich das betagteste von ihnen: aufgrund seiner geduckten Bauweise mit schmalen Tür- und Fensteröffnungen wie geschaffen dafür, raue Winterstürme auch ohne Unterstützung einer Zentralheizung abzuwehren.

Baltrumer Gitarrengruppe und Shanty-Chor Baltrum

Volksmusik erfreut sich landesweit großer Beliebtheit. Im Gegensatz zur Instant-Folklore einiger abgeklärter Profis, die sich bloß volkstümlich geben, bieten die Konzerte der Baltrumer Gitarrengruppe und des Shanty-Chors ein Programm, das zur Insel und zu den Interpreten passt. Die Mitwirkenden sind allesamt Leute von der Küste. Obwohl von Amateuren dargeboten, haben die Vorstellungen bemerkenswerte Qualität.

In der seit über 40 Jahren bestehenden Gitarrengruppe spielen Baltrumer Frauen. Sie konzertieren zumeist dienstags mit wechselndem Programm in der evangelischen Inselkirche.

Auch der Shanty-Chor veranstaltet regelmäßig Konzerte. Wer einen Auftritt der Gitarrengruppe oder des Shanty-Chors besucht, wird auf der Bühne sicher das eine oder andere bekannte Gesicht sehen: Die Inselärztin, der Supermarktleiter, der Polizist oder die Pensionswirtin, alle sind sie hier aktiv.

Zu den kulturellen Höhepunkten auf Baltrum zählen außerdem die Theater-Vorstellungen der Insel-Bühne. Auch hier sind es die Insulaner selbst, die in Aktion treten - mit einem Erfolg, der weit über die Grenzen Baltrums hinausreicht.

➢ Die St. Nikolaus-Kirche fügt sich harmonisch in die Insellandschaft ein

Nordseehaus und Inselkammer

Das Nordseehaus ist eines der fünfzehn Informationszentren des Nationalparks Niedersächsisches Wattenmeer an der ostfriesischen Küste. Hier finden **naturkundliche** Informationsveranstaltungen statt. Zudem vermittelt eine Ausstellung über **Flora und Fauna** der Inseln Einblicke in die ökologischen Zusammenhänge des Lebensraumes Wattenmeer.

➢ Eines der ältesten Häuser der Insel, »das Haus Nr. 5«

Die angeschlossene Inselkammer wurde auf Initiative des **Heimatvereins Baltrum e.V.** eingerichtet. Gezeigt wird neben Dokumenten zur Inselgeschichte eine Bernsteinsammlung. Zu bestimmten Terminen (siehe Plakataushang) zeigt man auf Video überspielte historische Filmaufnahmen. Das Nordseehaus mit Nationalparkhaus und Inselkammer (Haus 177) befindet sich südlich des Westdorfes am Weg zum Hafen. Zurzeit wird das alte Zollhaus (Haus 18) vom Heimatverein restauriert. Hier soll in den nächsten Jahren das Museum einziehen. Das alte **Zollhaus** wurde Mitte des 19. Jahrhunderts für zwei Zollbeamtenfamilien gebaut. Es ist ein friesisches Doppelhaus. Diese alte, typisch ostfriesische

➢ Blick auf das Dorf Baltrum

Hausform, das »Bummert-Haus«, besteht aus zwei exakt gleichen Hälften.

Katholische Kirche St. Nikolaus

Selten fügt sich ein Kirchenneubau so **harmonisch** in seine Umgebung ein, wie es die katholische Kirche Baltrums (Haus 34) tut. Mit seinen roten Ziegeln nimmt der Bau, in dem eine Sommer- und eine Winterkirche miteinander verbunden sind, das Baumaterial der Insel auf. Seine ausgewogenen Proportionen und das reetgedeckte Zeltdach lassen ihn geradezu mit der **Dünenlandschaft** verschmelzen. Den Vorbau mit Umgang rahmen bunte Glasfenster, in denen Themen aus der Nikolaus-Legende gestaltet sind. Der Besucher sollte sich übrigens nicht verwirren lassen, wenn er vergeblich an der Tür zur Kirche zieht: Wegen des oft starken Windes hat der Bau keine Flügeltüren bekommen, sondern Schiebetüren!

➢ Kirchenfenster in der St. Nikolaus-Kirche

Landgänge

Aurich

Aurich, eine der ältesten Städte Ostfrieslands, entwickelte sich um die vermutlich im 12. Jahrhundert gestiftete **Lambertikirche** herum. 1380 errichtete das Häuptlings-geschlecht derer tom Brook hier eine Burg. 1539 erhielt Aurich Stadtrechte und wurde wenig später sogar Hauptstadt Ostfrieslands (1561).

Aurich liegt ungefähr im geografischen **Mittelpunkt** Ostfrieslands und gilt daher als Markt- und Handelsplatz mit großer Tradition. Vielleicht liegt es an dieser Tatsache, dass man hier für zentrale Plätze und Treffpunkte viel übrig hat. Herzstück Aurichs und gleichzeitig sinnvoller Ausgangspunkt aller Besichtigungsrundgänge ist der vor einigen Jahren neu gestaltete **Marktplatz**. Mit 150 Metern Länge und 50 Metern Breite ist er einer der größten Marktplätze Norddeutschlands, der noch geräumiger erscheint, seit die Kraftfahrzeuge nicht mehr darauf parken, sondern in eine darunter gelegene Tiefgarage geleitet werden. Als einstige **Residenz** begnügt sich Aurich jedoch nicht mit einem bloß geräumigen Mittelpunkt.

Man stattete ihn auch gediegen aus - mit Granitpflaster, einer weißstählernen **Markthalle**, Brunnen und einem Kunstwerk, das nicht jeder mag, bei dem aber jedem die Luft wegbleibt: dem **»Sous-Turm«**, vom Volksmund etwas despektierlich »Tauchsieder« genannt. Der Turm, unübersehbare 25 Meter hoch und geschaffen vom Bildhauer Albert Sous, besteht aus Abfällen des

➢ Der Marktplatz in Aurich

➢ Blick auf das Auricher Schloss

Atomforschungszentrums Jülich (Plexiglas, Stahlrohr) und stellt mit seinen diversen Rädern, Zacken und gespaltenen Herzen eine Form des **Recyclings** dar, auf die fraglos nicht jeder käme.

Der Marktplatz hat jedoch neben Avantgardistischem auch Altehrwürdiges zu bieten, beispielsweise das **»Knodtsche Haus«** (Marktplatz 23), ein 1731 gebautes klassizistisches Bürgerhaus, das heute der Gastronomie dient. Ein ebenfalls prächtiges Bürgerhaus ist das **»Conringsche Haus«** (Baujahr 1804) an der Burgstraße südlich des Marktplatzes.

Einige Schritte westlich davon steht das **Historische Museum** (Burgstraße 25), dessen Gebäude bereits ein Stück Geschichte repräsentiert: Es ist die »Alte Kanzlei«, einst Regierungssitz der ostfriesischen Grafen und erstes Kreishaus Aurichs.

An der Ecke Burgstraße/Hafenstraße steht der wohl älteste Gebäudekomplex Aurichs mit der Gastwirtschaft **»Ewige Lampe«**, die einst als Gerichtssaal und vermutlich auch als Gefängnis diente. Die hier einmündende Hafenstraße ist ebenfalls **Fußgängerzone**, gesäumt von prächtigen, 200 Jahre alten Bürgerhäusern.

➢ Vor der Schleuse

Die **Lambertikirche** (Kirchstraße/ Burgstraße) besteht aus zwei Gebäuden - der eigentlichen Kirche und dem **Lambertiturm**, dem Wahrzeichen der Stadt. Der Turm enthält Bauteile aus dem 13. Jahrhundert. Die Kirchengründung erfolgte sogar noch im Jahrhundert zuvor. Das heutige Kirchenhaus entstand 1832-35 und enthält als besondere Sehenswürdigkeit den **»Ihlower Altar«**, eine um 1500 geschnitzte Arbeit der Antwerpener Lucas-Gilde.

Von der Lambertikirche führt die Burgstraße weiter westwärts. Wo die historischen **Wallanlagen** aus dem 16. Jahrhundert auf die Burgstraße stoßen, spannt sich ein von **Standbildern** der antiken Göttinnen Pallas Athene und Bellona gesäumtes altes Stadttor über den Straßenverlauf. Linker Hand einbiegend, erreicht man alsbald den Schlossplatz. Das **»Schloss Aurich«**, heute ein Verwaltungsgebäude, wurde 1851-55 auf den Grundmauern eines 1447 errichteten Wohnsitzes der Grafen Cirksena gebaut.

Wer vor der Rückkehr zum Marktplatz noch einen zusätzlichen Gang von etwa 500 Metern unternehmen mag, kann sich vom **Stadttor** aus weiter nach Westen bewegen, wo die Burgstraße in die Oldersumer Straße übergeht. An der Nr. 63 steht die **»Stiftsmühle«**, ein voll funktionsfähiger Galerieholländer von 1858 und gleichzeitig ein Müh-

➢ Links:
Auricher Impressionen

➢ Das Hauptgebäude der Ostfriesischen Landschaft

lenmuseum. Zu besichtigen sind eine Mühlen-Modellsammlung, diverse Exponate zur Geschichte des Mühlenwesens und ein guter Teil der Stadt - von der 17 Meter hohen Galerie aus lässt sich einiges von Aurich überblicken. Und vor dem Rückweg winkt eine Stärkung in der benachbarten **Teestube**.

Adressen in Aurich:

- Verkehrsverein Aurich/ Ostfriesland e.V., Norderstraße 32, 26603 Aurich, Tel. 04941/ 4464, Fax: 10655, Mo–Fr 8–18 Uhr, Sa 9–13 Uhr, E-Mail: vvaurich@t-online.de, Onlineprospekte gibt es unter: www.aurich.de.
- Ems-Jade-Kanal-Hafen, Bootsverleih und Anlegestelle für Rundfahrten mit der MS »Stadt Aurich«. Infos, Reservierungen, Charter: Verkehrsverein Aurich/ Ostfriesland e.V. (s.o.).
- Historisches Museum, Burgstraße 25, Tel. 04941/18311, geöffnet Di–So 11–17 Uhr.
- Mach-mit-Museum, Burgstraße 25, Tel. 04941/18311, geöffnet Di–Fr 13–17 Uhr, Sa/So 11–17 Uhr.
- Mühlenmuseum »Stiftsmühle«, Oldersumer Str. 28, Tel. 04941/ 994290, geöffnet 26. März–Oktober tägl. außer Mo 11–17 Uhr, So 15–17 Uhr. Führungen nach Vereinbarung. Im Müllerhaus kann man eine gemütliche ostfriesische Teestunde genießen.

Emden

Die 52.000-Einwohner-Stadt verfügt über den viertgrößten Seehafen der Bundesrepublik. Schon zur Zeit Karls des Großen (747-814) fungierte es als kleine friesische **Handelsniederlassung**. Wesentlicher Wirtschaftsfaktor ist der Hafen noch immer. Allein auf den hiesigen **Werften** sind 2500 Menschen beschäftigt.

Die starke Verästelung des Hafenbeckens ist für den Ortsfremden verwirrend. Eine Besichtigung beginnt zweckmäßigerweise im Herzen der Stadt, am Ratsdelft. Es markiert den historischen Verlauf der Ems und war der mittelalterliche **Hafen** Emdens. An dessen einstiger Einfahrt steht am Westufer des Ratsdelft noch das 1635 vom Stadtbaumeister Martin Faber erbaute **»Emder Hafentor«**. Während der Umgestaltung des Hafens vorübergehend abgebaut, wurde es Ende 2003 an gleicher Stelle wieder aufgebaut. An der Delfttreppe liegen die Boote für die Hafenrundfahrt, mit denen eine weiträumige Erkundung des Seehafens im Anschluss möglich ist.

Größter Arbeitgeber Emdens ist jedoch nicht eine Werft, sondern das **Volkswagenwerk** mit etwa 10.000 Arbeitsplätzen. Je Arbeitstag werden hier bis zu 1200 Fahrzeuge des Typs Passat produziert. Im Jahr 2002 führte die sowohl für den Export als auch für den Inlandsmarkt bestimmte Produktion des Volkswagen-Konzerns zu Umschlagzahlen von nahezu 800.000 Einheiten. Da wundert es nicht, dass Emdens Hafen in Be-

➢ Das Feuerschiff »Deutsche Bucht« im Hafen von Emden

➢ Blick auf das Emder Rathaus und den Ratsdelft

zug auf den Autoumschlag sogar die Spitzenposition innerhalb Europas einnimmt.

Nach der **Hafenrundfahrt** empfiehlt sich ein Besuch des ehemaligen **Feuerschiffes** »Deutsche Bucht«. Es liegt seit 1984 im Ratsdelft unterhalb des Rathauses immer noch in offizieller Mission: Es dient als Schifffahrtsgeschichtliches Museum und enthält unter anderem die wohl älteste intakte Feuerschiffsmaschinenanlage, Baujahr 1914–18. Ein **»Kajütenrestaurant«** gibt es hier übrigens ebenfalls.

Neben der »Deutschen Bucht« liegt ein weiteres maritimes Denkmal. Der einstige **Seenotrettungskreuzer** »Georg Breusing« ist hier zu besichtigen, sehenswert sind die nautischen Anlagen, die Maschine und die Unterkünfte der Besatzung.

Zeugnis der Emder Heringsfischerei ist der **Logger »AE7-Stadt Emden«**, der hier im Ratsdelft seit 1995 als weiteres Museumsschiff seinen Dienst tut.

Natürlich bietet Emden weit mehr als Hafenanlagen und Schifffahrt. Direkt am Delft steht bereits mit dem Rathaus die erste nichtmaritime Sehenswürdigkeit. Leider ist es nicht mehr der Renaissancebau aus dem 16. Jahrhundert. Emden wurde während des Zweiten Weltkriegs zu annähernd 80 Prozent zerstört, auch das historische Rathaus fiel den Bomben zum Opfer. In den jetzigen Bau aus den 50er-Jahren integrierte man jedoch das alte Portal sowie eine erhaltene Eingangstür.

Im Emder Rathaus befindet sich das **Ostfriesische Landesmuseum**, dessen Besuch allein schon einen Ausflug in die Stadt lohnt. Es zeigt Schätze wie die erste Landkarte Ostfrieslands von 1589, Hafen- und Fischerbootmodelle (Emden war der erste deutsche Heringshafen), frühgeschichtliche Funde

➢ Ein Volksfest mit Tradition – die Emder Matjestage

und Gemälde holländischer Meister. Glanzstück des Landesmuseums ist jedoch die berühmte **Rüstkammer** mit der umfangreichsten stadteigenen historischen Waffensammlung Deutschlands. Das Landesmuseum wird umgebaut und im Dezember 2004 wieder eröffnet.

Im Rathaus kann man sich nicht nur einen Überblick über Emdens Vergangenheit verschaffen, sondern auch das städtische Treiben der Gegenwart beobachten. Vom **Rathausturm**, von dem sechsmal täglich ein Glockenspiel ertönt, bietet sich ein herrlicher Ausblick auf die Innenstadt, Bereiche der historischen Wallanlagen (auf denen wunderschöne Spaziergänge möglich sind) und den Hafen.

Von Mitte 2003 bis voraussichtlich Ende 2004 ist ein Umbau des Rathauses geplant. Neben baulichen Veränderungen sollen auch die Konzeption und das Erscheinungsbild des Ostfriesischen Landesmuseums modernisiert werden. Ziel ist ein **Europäisches Regionalmuseum**.

Zu den wenigen erhaltenen baulichen Zeugnissen aus der Zeit des 16. Jahrhunderts sind die **»Pelzerhäuser«** in der Pelzerstraße 11 und 12, unweit des Delft. Die um 1585 im flämisch-niederländischen Stil erbauten Renaissance-Bürgerhäuser an der einstigen mittelalterlichen Pelzhändlerstraße bieten einen Einblick in die frühere Wohnkultur. Außerdem werden sie für repräsentative Zwecke der Stadt Emden genutzt und bieten Ausstellungsfläche für einheimische Künstler und Wechselausstellungen des Ostfriesischen Landesmuseums.

Geht man an den Pelzerhäusern vorbei in Richtung Westen, erreicht man die Ruine der **Großen Kirche**. Seit 1240 stand die Kirche hier

➢ Die Kunsthalle in Emden

mehr oder weniger unversehrt, bis sie nach über 700 Jahren die Bombenangriffe des Zweiten Weltkriegs in einen Trümmerhaufen verwandelten. Zur Reformationszeit galt Emden als ein Zentrum des Calvinismus, da es zahlreichen niederländischen Glaubensflüchtlingen als Zufluchtsort diente. Man bezeichnete die Große Kirche als die **»Moederkerk«** des nordwesteuropäischen Calvinismus. Die Stadt erlebte eine wirtschaftliche und kulturelle Blüte.

Der Turm wurde nach dem Krieg wieder restauriert, ebenso die monumentale Eingangswand im Antwerpener Renaissance-Stil, die ursprünglich Cornelius Floris 1560-63 baute. Neben der Ruine entstand in der Nachkriegszeit ein neuer Kirchenausbau. Die Ruine der großen Kirche wurde von 1992-1995 mit moderner Architektur wieder aufgebaut. Seit 1995 beherbergt sie ein Studienzentrum von überregionaler Bedeutung sowie die **Johannes a Lasco Bibliothek** - benannt nach dem polnischen Reformator und Humanisten, der als Superintendent in Emden tätig war. Gezeigt werden hier wertvolle Handschriften und Bücher.

Etwas weiter nordöstlich der Großen Kirche, in der Holzsägerstraße, steht einer von 31 noch heute existierenden **Luftschutzbunkern** Emdens. Hier befindet sich das Bunkermuseum, das die Geschichte Emdens von der NS-Zeit über die totale Zerstörung bis hin zum Wiederaufbau der Stadt zeigt.

An der Fußgängerzone, Große Straße 1, findet man dann **»Dat Otto Huus«**. Es widmet sich den Karrierestationen des prominenten Komikers Otto Waalkes, der aus Emden stammt. Wem der Zappelfriese auf die Nerven geht, muss

➢ Malerisch gelegen – der Wasserturm

hier einen Bogen machen. Wer hineingeht, hat sicher seinen Spaß. Ein weiterer prominenter Sohn der Stadt ist der ehemalige »Stern«-Chefredakteur und Herausgeber Henri Nannen. Seiner Initiative verdankt Emden die **Kunsthalle**, die trotz ihres jungen Alters (eröffnet 1986) bereits einen internationalen Ruf besitzt. Auf ca. 2000 Quadratmetern Ausstellungsfläche präsentiert man eine ausgesuchte Sammlung von Werken der klassischen Moderne und zeitgenössischer Kunst. Grundstock der Ausstellung ist die von Nannen gestiftete Privatsammlung mit Arbeiten von Emil Nolde, Ludwig Kirchner, Oskar Kokoschka, Paula Modersohn-Becker und vielen anderen. Einen chronologischen Anschluss an die Zeit nach 1945 bildet die Sammlung van de Loo mit expressiven Arbeiten der Künstlergruppen CoBrA und SPUR. Zusätzlich finden regelmäßig Sonderausstellungen statt. Es gibt eine Cafeteria sowie eine Malschule für Kinder und Jugendliche.

Gleich hinter der Kunsthalle führt die **Boltentorstraße** auf die 1606-1616 unter der Regie des Festungsbaumeisters **Geert Evert Piloot** erbaute Wallanlage. Zehn Bastionen, **»Zwinger«** genannt, sicherten einst den Wall. Den exponierten Platz auf diesen Zwingern nutzte man im 19. Jahrhundert teilweise als Grundstück für **Windmühlen**. Wendet man sich auf dem Wall nach Osten, gelangt man zu einem vollständig restaurierten Exemplar eines dreistöckigen Galerieholländers: **»De Vrouw Johanna«** heißt diese Windmühle, die seit 1804 hier steht.

Ist der Halbkreisgang auf dem Wall vollzogen, findet man auf der Höhe des Falderndelfts außerhalb der **Festungsanlage** ein weiteres technisches Wunderwerk - die Emder Kesselschleuse. Europas einzige Vier-Kammer-Schleuse verbindet vier Kanäle miteinander und steht mittlerweile unter Denkmalschutz.

Innerhalb des Walls steht an der Brückstraße die **Neue Kirche**, die so neu allerdings auch wieder nicht ist. 1643-1648 führte Martin Faber ihren Bau aus. Der T-förmige Grundriss der Neuen Kirche wurde der Amsterdamer »Grooten Kerk« nachempfunden. Auch diese Kirche erlitt während des Krieges massive Schäden. Sie wurde jedoch wieder aufgebaut. Im Viertel südlich der Neuen Kirche und des **Falderndelfts** finden sich noch geschlossene Ensembles alter **Bürgerhäuser**, die an das Stadtbild des Vorkriegs-Emden erinnern. Über Kran- und Faldernstraße erreicht man wieder das Rathaus. In der nahe gelegenen **Fußgängerzone** kann der Ausflug nach Emden in einem der zahlreichen Cafés oder Restaurants einen geruhsamen Ausklang finden.

Adressen in Emden:

- Tourist-Information Emden, Alter Markt 2a, Tel. 04921/97400, Fax 97409, e-mail: info@emden-touristik.de, www.emden-touristik.de
- Hafenrundfahrten, Delfttreppe, März–Ende Oktober. Anmeldungen für Gruppen Tel. 04921/97400 (Emden Marketing & Touristik GmbH) und 04921/890722 (AG Ems), www.ag-ems.de
- Museumsfeuerschiff »Amrumbank/Deutsche Bucht«, Im Ratsdelft, geöffnet April–Oktober Mo–Fr 10.30–13 Uhr und 14.30–17 Uhr, Sa/So 11–13 Uhr, Tel. 04921/23285, www.amrumbank.de
- Seenotrettungskreuzer »Georg Breusing«, Im Ratsdelft, geöffnet April –Oktober tägl. 10–13 Uhr und 15–17 Uhr, Tel. 04921/20541, www.georg-breusing.de
- Logger »AE7-Stadt Emden«, Im Ratsdelft, geöffnet April–Oktober Mo–Fr 10–13 Uhr und 15–17 Uhr, Sa/So 11–13 Uhr, Tel. 04921/51212, www.heringslogger.de
- Ostfriesisches Landesmuseum mit Emder Rüstkammer, Neutorstraße (Rathaus), Tel. 04921/872058, www.landesmuseum-emden.de
- Das Ostfriesische Landesmuseum ist von Mitte 2003 bis Ende 2004 wegen Umbauarbeiten geschlossen!
- ! Dat Otto Huus, Große Str. 1, geöffnet Mo–Fr 9.30–18.00 Uhr, Sa 9.30–13.00 (lange Samstage bis 16 Uhr). Apr–Okt auch So 10–16 Uhr, Nov–März 13–15 Uhr geschlossen, Tel. 04921/22121
- ! Kunsthalle Emden, Hinter dem Rahmen 13, geöffnet Di 10–20 Uhr, Mi–Fr 10–17 Uhr, Sa/So 11–17 Uhr, Tel. 04921/975050, www.kunsthalle-emden.de
- ! Johannes a Lasco Bibliothek, Kirchstr. 22, geöffnet Di–Fr 11–18 Uhr, Sa 11–13.30 Uhr, 14.30–17 Uhr, So 14.30–17 Uhr (Sa/So nur Museum), Führungen möglich, Tel. 04921/9150-0, www.jalb.de
- ! Emder Bunkermuseum, Holzsägerstraße, geöffnet Mai–Ende Oktober Di–So 10–13 Uhr und Di–Fr 15–17 Uhr, Gruppen nach Vereinbarung, Tel. 04921/32225, www.bunkermuseum.de

➢ Erholsam: Ein Ausflug mit dem Rad

Esens – »Heimstatt für Kunst und Kultur«

Esens ist mit nur knapp 7000 Einwohnern die kleinste Stadt des ostfriesischen Festlandes. Dennoch ist die Stadt, in deren Bild Tradition und Moderne eine bemerkenswerte **Allianz** eingehen, einen Ausflug wert.

Esens ist mindestens seit dem 9. Jahrhundert, wahrscheinlich jedoch sehr viel früher besiedelt. Das Stadtrecht erhielt es zu Beginn des 16. Jahrhunderts. Herzstück und Keimzelle des Ortes sind der Markt und der angegliederte Kirchplatz. Der jeweils mittwochs und samstags abgehaltene **Wochenmarkt** hat eine weit zurückreichende Tradition: Bereits für 1321 weist eine Urkunde den Besuch holländischer Kaufleute auf dem Esener Markt nach.

Die Ostseite des Marktplatzes begrenzt das städtische Rathaus. 1756 finanzierte eine Generalsfrau von Wangelin den Bau des als Witwenstift konzipierten Hauses. Es gilt mit seinen neun Fensterachsen und dem wappengeschmückten Dreiecksgiebel als Höhepunkt früher **Barockbaukunst** in Esens. 1962 erwarb die Stadt das von Wangelinsche Witwenstift als Rathaus. Das frühere Rathaus steht Am Markt 1. Die »Ratsgaststätte« befindet sich noch immer in dem 1839 erbauten, mit dem Esenser Stadtwappen geschmückten Gebäude. **Am Markt 3** steht das wohl älteste Haus der Stadt. Auf seinem Grundstück soll bereits im 15. Jahrhundert **Häuptling Wibet von Stedesdorf** ein Steinhaus bewohnt haben.

In reizvollem Kontrast zu der historischen Kulisse steht der moderne **»Tidebrunnen«** auf der Marktplatzfläche. Die beweglichen Metallrohre dieser Konstruktion zeigen den jeweiligen Tidestand an und symbolisieren überdies Bug und Heck eines Schiffswracks. Den 1989 erstellten »Tidebrunnen« entwarf derselbe Albert Sous, der auch den umstrittenen Auricher **»Sous-Turm«** schuf. Beliebtes Fotomotiv auf dem nördlich an den Markt anschließenden Kirchplatz ist die Bronzestatue des Esenser Wappenbären. Im 16. Jahrhundert soll bei einer Belagerung der Stadt einem umherziehenden Bärenführer der Tanzbär entwichen und auf die Esenser Stadtmauer geklettert sein. Angesichts der Feinde habe das Tier

➢ Der Junker-Balthasar-Brunnen

Ziegelsteine aus dem Mauerwerk gerissen, mit einem wohlgezielten Wurf den feindlichen Heerführer getötet und so die Stadt gerettet. Zu dieser Anekdote existieren noch einige Versionen. Tatsache ist jedoch, dass der streitbare **»Meister Petz«** im Esenser Stadtwappen einen Ziegelstein in der Hand hält - genau wie seine Statue auf dem Kirchplatz. Die St.-Magnus-Kirche entstand 1848-54 auf der alten Warf eines Vorgängerbaus aus dem 12. Jahrhundert. Aus dieser älteren Kirche stammen noch viele Teile der heutigen Ausstattung. So auch der spätgotische Steinsarg des 1473 verstorbenen **Ritters Sibo Attena**, auf dessen Deckel der gerüstete Recke plastisch nachgebildet ist. Der 54 Meter hohe Kirchturm ist über schmale Holztreppen zu besteigen - eine lohnende Kletterpartie, denn die **Aussicht vom Turm** über das Harlingerland ist grandios. Zudem ist hier auf mehrere Stockwerke verteilt das sehenswerte Turmmuseum mit Bildern, Dokumenten und Gegenständen zur lokalen Kirchengeschichte untergebracht.

Neben der futuristischen **Glaskuppelkonstruktion** der Arkaden am Kirchplatz, die einen seltsamen Gegensatz zur altehrwürdigen St.-Magnus-Kirche darstellen, befindet sich das Holarium mit einer außergewöhnlichen Sammlung zur Entwicklung der **Holographie**. Scheinbar frei schwebende Bilder und dreidimensionale Szenerien sind für Besucher jeden Alters eine verblüffende Sensation.

Etwa 300 Meter nördlich des Kirchplatzes, zu erreichen über die Theodor-Thomas-Straße, steht die **Peldemühle**, Heimstatt des Esenser Heimatmuseums. Die Peldemühle, ein Museumsstück an sich, ist ein restaurierter Galerieholländer von 1850. Die Exponate der Ausstellung dokumentieren die Geschichte der ganzen Region.

➢ Die St.-Magnus-Kirche

Adressen in Esens:

- Touristeninformation, Kurverwaltung Nordseeheilbad Esens-Bensersiel, Kirchplatz, Tel. 04971/9150, Fax 4988, e-mail: eb-team@t-online.de.
- St.-Magnus-Kirche (Turmmuseum), Gemeindehaus am Kirchplatz, Tel. 04971/9197-12.
- Holarium, Kirchplatz, Tel. 04971/4392, geöffnet März bis Oktober 10–12 Uhr und 14–18 Uhr sowie nach Vereinbarung.
- Museum »Leben am Meer« – eine Mühle voller Geschichte(n), Bensersielerstr. 1, Tel. 04971/4731 oder 5232, geöffnet Mitte März bis Ende Oktober Di–So 10–12 Uhr und 14–17 Uhr, Führungen Mi 15 Uhr und nach tel. Vereinbarung.

Greetsiel

Das malerische **Fischerdörfchen** Greetsiel ist in den letzten Jahren zu einer Art maritimem Worpswede avanciert. Die hübsche Kulisse unter dem hohen friesischen Himmel inspiriert vor allem Maler und Fotografen, die nicht nur während der **»Greetsieler Woche«** (Juli/August) ihre Werke ausstellen. So gibt es in Greetsiel bald vermutlich mehr Galerien als Krabbenkutter.

Fischfang hat hier allerdings weit mehr Tradition als die Kunst. Seit der Gründung im 14. Jahrhundert ist Greetsiel, späterer Stammsitz der mächtigen Cirksena-Sippe, ein Hafenort. Noch heute ist hier die stolze Zahl von 27 **Krabbenkuttern** beheimatet - damit ist Greetsiel der größte Krabbenkutterhafen des Weser-Ems-Gebiets. Erst 1991, im Zuge von Küstenschutz-Baumaßnahmen vor der Leybucht, bekam der Hafen eine von der Tide unabhängige Zufahrt. So lässt er sich auch ganztägig von den Fischern nutzen, die zuvor mit dem nächtlichen Hochwasser Greetsiel verlassen mussten. Im **Hafen** ist immer etwas los - ein wunderbarer Ort, um gemächlich anderen bei der Arbeit zuzusehen.

➢ *Greetsiel – ein malerisches Fischerdorf*

➢ Am besten schmecken Krabben, wenn man sie frisch vom Kutter kauft und gleich verspeist

Die Krabbe heißt in Wirklichkeit Granat

Die Küste Ostfrieslands wird nach wie vor von Krabbenkuttern beherrscht, die vor der Küste ihre Netze auswerfen und die an Bord frisch gekochten Krabben anschließend im Hafen verkaufen - nicht nur an Händler, sondern auch an Feriengäste, die bereits an der Kaimauer stehen und warten. Denn Krabben schmecken am besten, wenn man sie frisch vom Kutter kauft und gleich verputzt, was allerdings bedeutet, dass man sie auch auspulen muss. Und das will gelernt sein.

Es ist zwar keine Kunst, aber ein wenig Geschick wird zum Pulen benötigt. Man nimmt den Kopf eines Granats zwischen Zeigefinger und Daumen der linken Hand und zieht mit Zeigefinger und Daumen der rechten Hand das Hinterteil ab, in dem sich das schmackhafte Fleisch befindet.

Die Krabben gelten als Speise für Feinschmecker. Es gibt Gourmets, die selbst einen Hummer für Krabben liegen lassen. Dabei aber heißt die Krabbe tatsächlich nicht Krabbe, sondern Garnele oder Granat. Die eigentliche Krabbe ist nahezu kreisrund, hat einen zurückgebildeten Hinterleib und große Scheren am ersten Beinpaar. Sie gehört zu den Zehnfußkrebsen. Die Garnele bzw. der Granat ist dagegen ein Langschwanzkrebs, dessen Name sich aus dem Flämischen ableitet.

Neben den Kuttern gelten die Greetsieler **Zwillingsmühlen** als Wahrzeichen des Ortes. Seit 1778 stehen an der Mühlenstraße zwei Windmühlen in trauter Nachbarschaft. Beide wurden im Laufe der Zeit erneuert. Die Geschichte der westlich gelegenen Mühle ist besonders abenteuerlich: Nachdem sie 1920 abgebrannt war, erwarb der Besitzer eine in der Nähe Aurichs stehende Windmühle, ließ sie demontieren, auf dem Wasserweg nach Greetsiel verfrachten und hier neu errichten. Eigentlich stammt die Mühle aus dem Jahr 1710, doch enthält sie eine Achse, die aus einem noch älteren Bau stammt und etwa 500 Jahre alt ist.

Ein »Zwilling« ist noch heute in Betrieb und kann besichtigt werden, im anderen befindet sich - wie kann es in Greetsiel anders sein - eine **Galerie** mit Tee- und Weinstube.

Eine weitere **Teestube** der besonderen Art befindet sich in »Poppinga's Alter Bäckerei«. Das aufwändig renovierte und mit historischem Mobiliar ausgestattete Haus beherbergt eine kleine Samm-

➢ Greetsieler Impressionen:
Oben:
Die Fußgängerzone lädt zum Bummeln ein.
Mitte:
Der klassische Blick auf Greetsiel – die Krabbenkutter im Hafen – mit seiner Flotte von immerhin 27 Krabbenkuttern ist Greetsiel der größte Krabbenkutterhafen im Weser-Ems-Gebiet
Unten:
Das Greetsieler Hafensiel

lung zum **Bäckereihandwerk** und natürlich eine Kunstausstellung.

Unweit des Bäckereimuseums steht an der Ecke Sielstraße/Hohe Straße die 1380–1410 erbaute **evangelisch-reformierte Kirche**. Hier lohnt sich ein Blick nach oben: Den Bau krönt eine **Wetterfahne** aus vergoldetem Kupfer. Sie zeigt einen historischen Segelschiffstyp, einen Dreimast-Huker mit drei gesetzten Rahsegeln und sechs festgemachten Segeln.

Über 500 **Buddelschiffe** kann man sich in der Mühlenstraße im Greetsieler **Buddelschiffmuseum** ansehen.

Das **Nationalpark-Haus** in Greetsiel zeigt seinen Besuchern die Einzigartigkeit des Nationalparks Wattenmeer und die Vielseitigkeit seiner Tier- und Pflanzenwelt.

Auch die Kids müssen sich bei einem Ausflug nach Greetsiel nicht langweilen: Im **Kinderhaus** »Wattwurm« gibt es viele Veranstaltungen wie Kindertheater oder Malwettbewerbe. Und unter freiem Himmel können sich die Kleinen auf dem großen **Abenteuerspielplatz** tummeln.

Adressen in Greetsiel:

- Touristik GmbH Krummhörn-Greetsiel, Zur Hauener Hooge 15, Tel. 04926/9188-0, Fax 918861, e-mail: info@greetsiel.de, www.greetsiel.de.
- Teestube »Poppinga's Alte Bäckerei«, Sielstr. 21, Tel. 04926/1393, geöffnet 11–18 Uhr, Di Ruhetag.
- Zwillingsmühlen Greetsiel, Mühlenführungen, Mühlenstraße 2, Tel. 04926/890 (Frank Schoof).
- Buddelschiffmuseum, Mühlenstr. 23, geöffnet in der Saison 10–18 Uhr, Tel. 04926/91850.
- Nationalpark-Haus Greetsiel, Schatthauser Str. 6, Tel./Fax 04926/2041, E-Mail: nationalparkhaus. greetsiel@01019freenet.de.

➢ Die Greetsieler Zwillingsmühlen

Marienhafe

Ein Hafen mitten im Binnenland? Wer in Marienhafe nach einem Anlegeplatz für Seeschiffe Ausschau hält, wird heute nichts Derartiges finden. Trotzdem lag Marienhafe einst am Meer: Gewaltige **Sturmfluten** schlugen im 14. Jahrhundert die Leybucht in das Festland. Die nach ihrer Entstehung sehr ausgedehnte Bucht reichte fast bis zum Ort heran, ein prielartiger Ausläufer - das **Störtebekertief** - endete sogar erst direkt in Marienhafe. Allein diese Verbindung zum offenen Meer ermöglichte es, dass aus der ehrwürdigen Kirche St. Marien ein Ausguck für Piraten wurde.

St. Marien, Wahrzeichen und Mittelpunkt Marienhafes, wurde vor 1250 gegründet und allmählich zu einem mächtigen Dom mit dreischiffiger Basilika ausgebaut. Lange galt der Marienhafer Dom als größter Kirchenbau Ostfrieslands. Doch 1829 war die Kirche so baufällig, dass ein Teilabriss ihre einstige Pracht arg dezimierte: Man brach beide Seitenschiffe ab und verkürzte den annähernd 80 Meter hohen **Turm** um fast die Hälfte. Dabei entfernte man auch ein Sandsteinrelief (Fries), von dem nur Fragmente erhalten blieben, die heute im Innern des **Störtebekerturms** zu besichtigen sind. Das einst 250 Meter lange **Relief** verlief an der Außenwand der Kirche unter dem Dachgesims und zeigte auf 124 Einzelbildern Szenen aus der Bibel, der germanischen Sagenwelt und der Reineke-Fuchs-Fabel. Es enthielt sogar Karikaturen, die sich gegen den ausschweifenden Lebenswandel hoher kirchlicher Würdenträger richteten. Vor der Zerstörung wurde eine Zeichnung aller Motive angefertigt, die ebenfalls im Turm ausgestellt ist. Dieses **Relief** ist es, an das sich Klaus Störtebeker anlässlich seiner angeblich letzten Worte erinnerte.

Der Mythos Störtebeker lebt in Marienhafe weiter. Ziemlich sicher ist, dass die in der Region beheimatete **Häuptlingsfamilie** tom Brook dem Piraten und seinen Mannen Unterschlupf gewährte. Die einstige Verbindung Marienhafes mit der Leybucht ist ebenfalls historische Tatsache. Bei der Ansteuerung des Störtebekertiefs wird der weithin sichtbare Kirchturm als **Navigationshilfe** gedient haben, und es ist sehr gut möglich, dass beutehungrige Piraten vom einst ja noch viel höheren St.-Marien-Turm aus nach wohlbeladenen Schiffen Ausschau hielten. Ob nun Störtebeker persönlich sich eine Wohnkammer im Kirchturm einrichtete, bleibt im Bereich der Spekulation.

Geschichten darüber erzählt man jedenfalls in Marienhafe. Und schließlich kann man die Stube im Störtebekerturm besichtigen, mit **Piraten-Accessoires** wie der Steinkugel, die der Seeräuber einem treppenstürmenden Feind aufs Haupt zu rollen pflegte. Neben dem bereits erwähnten Fries und anderen historischen Stücken befindet sich hier ein **Modell** der früheren Marienkirche, das einen guten Eindruck der einstigen Größe vermittelt. Nicht zuletzt finden hier alle drei Jahre vor der historischen Kulisse die **Störtebeker-Festspiele** statt, ein Freiluft-Theater-Spektakel, das Tausende von Besuchern anzieht.

Einen Besuch wert sind ebenfalls die **Windmühlen**, von denen die Samtgemeinde Brookmerland gleich fünf zu bieten hat: die Schewelingsche Mühle (Baujahr 1776) in Marienhafe, die Mühle in Tjüche (Baujahr 1896), die Doppelkolbenwasserpumpmühle in Wirdum (Baujahr 1872), Sterrenbergs Mühle (Baujahr 1880) in der Gemeinde Upgant-Schott und die Leezdorfer Mühle. Alle vier Mühlen können besichtigt werden. Zur Vorbereitung kann man in der Tourist-Information Informationsmaterial für eine kleine »**Mühlentour** durch das Störtebeker-Land« bekommen.

Adressen in Marienhafe:

- Tourist Information Brookmerland, Marienhafe, Am Markt 11, Tel. 04934/81248, e-mail: touristinfo@marienhafe.de, www.marienhafe.de.
- Störtebekerturm und Kirchenmuseum in der Kirche zu Marienhafe, geöffnet April–September Mo–Sa 10–12 und 14–17 Uhr, Fr 10–12 und 14–16.30 Uhr, So und an Feiertagen 14–17 Uhr. Gruppen nach Voranmeldung, Tel. 04934/374 od. 914280.
- Informationen zu den Störtebeker-Freilichtspielen bei der Samtgemeinde Tel. 04934/81248.
- Mühle Marienhafe, Mühlenloog 5, Besichtigung nach Vereinbarung, Tel. 04934/5336.
- Tjücher Mühle, Burgstraße 38 b, Öffnungszeiten auf Anfrage, Infos bei Volkmar Janssen und Michael Hentschel, Tel. 04934/4560.
- Mühle Upgant-Schott, Schiffleidingsweg 57, geöffnet Mai – September Sa 15–18 Uhr, Gruppen auf Anfrage, Infos bei Hermann Ommen (Mühlenverein Upgant-Schott), Tel. 04934/7147.
- Leezdorfer Mühle, geöffnet Mai–Sept Sa 15–18 Uhr, Gruppen auf Anfrage, Tel. 04934/5333.
- Doppelkolbenwasserpumpmühle, Gemeinde Wirdum, Tel. 04920/466.

Norden

Die erste bekannte urkundliche Erwähnung des Ortes Norden stammt aus dem Jahr 1255. Damit gilt Norden als die älteste Stadt Ostfrieslands. Und einen Bundesrekord hält Norden ebenfalls - es ist die **nordwestlichste Stadt** auf deutschem Festland.

Nordens historischer **Marktplatz** (um 1550) gilt als der größte seiner Art in Deutschland. Etliche Bäume, einige davon 200 Jahre alt, stehen auf der etwa sieben Hektar großen Fläche. Am Marktplatz erhebt sich die **Ludgerikirche**, mit einer Länge von 80 Metern der größte noch erhaltene mittelalterliche Sakralbau Ostfrieslands. Ihr ältester Teil ist das romanische **Langhaus**, das vor 1250 entstand. Liebhaber von **Orgelmusik** sollten sich nach Konzertterminen erkundigen, denn die Ludgerikirche besitzt eine der schönsten Orgeln des berühmten Orgelbauers **Arp Schnitger** aus dem 17. Jahrhundert.

An der Südseite des Marktplatzes stehen die »dree Süsters« (drei Schwestern), drei **Renaissance-Bürgerhäuser**, die zwischen 1580 und 1610 erbaut wurden. Die rechte »Schwester« ist eine bemerkenswert gelungene Rekonstruktion, die beiden anderen Häuser sind noch im Original erhalten. Auffällig sind die geschwungenen **Giebel**, bei denen sich genaueres Hinsehen lohnt - in jedem ist ein **Delfter Porzellanteller** eingemauert.

Delfter Fliesen gibt es neben vielen anderen Exponaten auch im **Heimatmuseum** zu bewundern. Es ist im **»Alten Rathaus«** untergebracht, gelegen an der Westseite des Marktplatzes gegenüber der Ludgerikirche. Das Gebäude selbst stammt aus dem Jahr 1542, in ihm befindet sich die **»Theelachtkammer«**, der Versammlungsraum der »Theelacht« - eines über 1000 Jahre alten, genossenschaftlich organisierten Bauernverbandes. Angeschlossen an das Museum ist eine echte Rarität: Europas einziges Teemuseum dieser Art. Hier lässt

➢ Auf dem platten Land …

sich alles studieren, was mit Tee in jeder Stufe seines Zustandes - von der Pflanze bis zum fertigen Heißgetränk - zusammenhängt: umfassende **Teeologie** eben, wie die ortseigene Werbung es nennt. Eine grandiose Porzellansammlung und Gerätschaften aus aller Welt runden die Ausstellung ab.

Ein wenig vom Zentrum entfernt liegt die **Westergaster Mühle** (Alleestraße 65); mit ihrem Baujahr anno 1863 ist sie die älteste erhaltene Windmühle Nordens. Sehenswert ist das museale Interieur, und von der Galerie des 27 Meter hohen Holländers hat man eine herrliche Aussicht. Ein Obstgarten und eine gemütliche **Teestube** sind angeschlossen.

Der Norder Ortsteil **Norddeich** bietet weit mehr als den betriebsamen Hafen mit seinen Fähren nach Juist und Norderney. Es ist der größte **Küstenbadeort** Ostfrieslands. Vielen Binnenländern ist der Name geläufig, denn hier vermittelte von 1907 bis Ende 1999 **»Norddeich Radio«** weltweit Gespräche mit Schiffsbesatzungen.

Ein besonderes Highlight wurde im Dezember 2002 eröffnet: Das erste **Comic-Museum** in Norddeutschland soll junge und alte Comic-Liebhaber begeistern.

➢ Norder Impressionen:
Das Schönighsche Haus (oben) und die Westergaster Mühle (unten)

➢ Die Mennonitenkirche in Norden

Eine spezielle Norddeicher Attraktion ist die **Seehundaufzucht- und Forschungsstation** im Wellenpark. Verwaiste Jungtiere werden hier aufgepäppelt, bis sie dem selbstständigen Leben gewachsen sind. Die Erfolgsquote der »Heuler«-Auswilderung liegt bei stolzen 90 Prozent. Das Beobachten der possierlichen, großäugigen **Seehundbabys** bereitet nicht nur Kindern großes Vergnügen.

Adressen in Norden:

- Kurverwaltung Norden-Norddeich, Dörper Weg 22, Touristik-Information, Tel. 04931/986200, www.norden-norddeich.de.
- ! Heimatmuseum und Teemuseum, Am Markt 36, Tel. 04931/12100, geöffnet März–Oktober Do–So 10–16 Uhr und nach Vereinbarung; Führungen nach Absprache.
- ! Ludgerikirche, Am Markt 37, geöffnet 1. April–30. September Mo–Sa 10–12.30 Uhr und Di–Sa 15–17 Uhr, 1. Oktober–31. März Mo–Sa 10–12.30 Uhr und Di–Fr 15–17 Uhr. Kirchen- und Orgelführungen für Gruppen nach Absprache mit der Küsterei, Tel. 04931/2287.
- Seehundaufzucht- und Forschungsstation, Freizeitzentrum Wellenpark am Dörper Weg, geöffnet täglich 10–17 Uhr, Tel. 04931/8919.
- ! Westergaster Mühle, Alleestr. 65, Tel. 04931/14527, geöffnet Mo–Fr 10–12.30 Uhr und 15–18 Uhr.

! Comic-Museum, Westerstr. 10, über Öffnungszeiten informiert die Touristeninformation.

Reiseinformationen von A–Z

Die einheitliche Postleitzahl für die Insel Baltrum ist 26579.

Die Telefon-Vorwahl ist 04939.

Apotheke (mit Reformhaus)

Westdorf, Haus 74, Tel. 456, Fax 453.

Arzt

Dr. med. Ellen Althainz (Ärztin und Badeärztin), Haus 204, Tel. 914010, Fax 914012.

Ausflüge

Touren per Schiff nach Helgoland, zu den Nachbarinseln oder Vergnügungsfahrten bietet die Reederei Baltrum-Linie, Haus 278 (direkt am Hafen), Tel. 91300. Abfahrtszeiten siehe Plakataushang oder Handzettel. Infos zu Flügen zu den Nachbarinseln oder zum Festland unter Tel. 914040 (Flugplatz Baltrum).

Autos

sind auf der Insel nicht zugelassen.

Baden

ist in der Nordsee am gekennzeichneten und bewachten Badestrand zu den im Badekalender angegebenen Zeiten erlaubt.

SindBad mit Meerwasser (beheizt), geöffnet in der Saison Mo 14–18 Uhr, Di, Mi, Fr 9–18 Uhr, Do 9–20 Uhr, Sa/So 15–18 Uhr.

Banken

Sparkasse Aurich-Norden, Hauptzweigstelle Baltrum, Haus 159 (EC-Automat), Tel. 91130.

Raiffeisen-Volksbank Fresena eG, Zweigstelle Baltrum, Haus 225, Tel. 523.

Bücher

Buchhandlung Der Bücherwurm, Haus 23 (im Haus Sylvia), Tel. 04939/282.

Stadtlander, Haus 115, Tel. 1342, Fax 669.

Camping

ist ausschließlich auf dem Gelände des Niedersächsischen Turnerbunds erlaubt. Wohnwagen oder Wohnmobile sind jedoch nicht zugelassen. Wer zelten möchte, muss sich vorher anmelden bei Margret Tobiassen Tel. 04941/991164, Fax 991165, die eine Platzreservierung schriftlich bestätigt. Ohne diese Bestätigung ist eine Aufnahme nicht möglich. Weitere Infos unter www.jbs-baltrum.de

Cobi-Golf

18-Bahnen-Kleingolf-Anlage am Tennisplatz, Infos bei Helmut Bock, Tel. 699 oder 91830.

Drachen

sind lediglich auf einem Abschnitt östlich des Hundestrandes gestattet.

Fährverkehr

Im Sommer verkehrt die Fähre zwischen Neßmersiel und Baltrum dreimal täglich pro Richtung. Fahrkarten sind auf dem Schiff erhältlich. Auskunft über Fähr- und Bahnverkehr erteilt die Reederei Baltrum-Linie, Haus 278, Tel. 91300, Fax 913040, E-mail: info@baltrum-linie.de, Internet: www.baltrum-linie.de.

Fahrräder

sind auf Baltrum zwar nicht verboten, aber man bittet die Gäste darum, die Räder im Interesse des gemächlichen Inselverkehrs daheim zu lassen. Einen Fahrradverleih gibt es auf der Insel nicht.

Flugverkehr

Flüge vom Festland nach Baltrum von Harle mit LFH Luftverkehr Friesland Harle (Buchungsstelle Baltrum-Flug, Tel. 914040, Flugplan per Faxabruf: 04464/948142) oder von Norden mit der Frisia-Luftverkehr GmbH, Tel. 04931/93320, Fax 93321523.

Fundbüro

im Rathaus, Haus 130, Tel. 80-67.

Garagen und Parkplätze Neßmersiel

Neßmersieler Garagenbetriebe, Westerdeicher Str. 63, 26553 Neßmersiel, Tel. 04933/2223, 721 oder 2363.

Gemeindeverwaltung

Rathaus, Haus 130, Tel. 80-0, Fax 8027.

Gepäcktransport

Spedition Bruns-Strenge, Tel. 272.

Hotels (Auswahl)

Auf Baltrum gibt es viele Unterkünfte. Bei der Kurverwaltung ist ein komplettes Gastgeberverzeichnis mit den Adressen sämtlicher Vermieter erhältlich. Die Reihenfolge der folgend angegebenen Baltrumer Hotels richtet sich nach dem Alphabet, nicht nach ihrer Qualität:

Hotel Dünenschlößchen, Haus 48, Tel. 91230, Fax 912313, www.duenenschloesschen.de.

Hotel-Pension Fresena (auch Fewos/App.), Haus 55, Tel. 231, Fax 1241, www.Fresena-Baltrum.de.

Hotel-Pension Seehof, Haus 86, Tel. 249, Fax 1334, www.seehof-baltrum.de.

Hotel Strandburg, Haus 139, Tel. 262, Fax 446, www.touronline.de.

Hotel Strandhof (auch Fewos), Haus 123, Tel. 890, Fax 8913, www.strandhofbaltrum.de.

Nordsee-Hotel Zur Post, Haus 43, Tel. 216 und 416, Fax 255, www.nordseehotel.de.

Strandhotel Wietjes, Haus 58, Tel. 9181-0, Fax 9181-91, www.wietjes.de.

Hotel Witthus, Haus 108 u. 137, Tel. 91190, Fax 990001, www.hotel-witthus.de.

Darüber hinaus bietet die Insel eine große Anzahl von Pensionen und Ferienwohnungen.

Hunde

Zwischen dem 7. April und dem 31. Oktober besteht für Hunde Anleinpflicht. Ein Strandabschnitt ist für Hunde reserviert. Alle anderen Strände sind für Hunde verboten. Tüten für die Entsorgung der Hinterlassenschaften bekommt man kostenlos in der Kurverwaltung.

Inselwanderungen

Frau Moschner führt Wanderungen mit historischen Erläuterungen durch, Termine lt. Aushang.

Kajakvermietung

Uwe Wietjes, Haus 133, Tel. 553 oder 0173/9337617, E-mail: kajakbaltrum@web.de

Kegeln

Scherenkegelbahn im Hotel/Restaurant Witthus, Haus 137, Tel. 91190.

Kinderspielhaus

Onnos Kinderspöölhus, Haus 68, zwischen Tennisplatz und Strandcafé, Tel. 8036. November bis Mitte März geschlossen (außer in den Weihnachtsferien).

Kino

mit wechselndem Programm in der Saison (ein- bis zweimal wöchentlich in der Turnhalle).

Kirchen

Evangelisch-lutherische Kirche, Haus 93, Pfarramt Tel. 914906. Gottesdienst Juli bis September So 10 Uhr, Kindergottesdienst sonntags 11.15 Uhr. Abendandacht in der Alten Inselkirche Mo und Fr 19.30 Uhr.

Römisch-katholische Kirche, Haus 34, Tel. 580. Ostern bis Oktober und Weihnachten finden Gottesdienste statt, die Termine werden an einer Anschlagtafel bekannt gegeben.

Kurverwaltung Nordseeheilbad Baltrum

Rathaus, Haus 130, Tel. 80-0, Fax 8027, E-mail: kurverwaltung@b altrum.de.

Kutschfahrten

über die Insel, Evelyn Voigt (Haus Halbinselglück, Nr. 162), Tel. 914091, Fax 914093.

Lese- u. Fernsehräume

Leseraum im Parterre der Kurverwaltung, Haus 130. Täglich geöffnet von 9–19 Uhr (Saison), ausgenommen während Veranstaltungen oder Sitzungen. Ein Fernsehraum befindet sich im SindBad.

Massagepraxis

Michael Hoyer (im Haus Antje), staatlich geprüfter Masseur und med. Bademeister, Tel. 606, Fax 1329.

Außerdem im SindBad (Kurmittelbereich), Tel. 8038 oder 8061.

Massagepraxis Manfred Merker, Tel. 1305.

Müttergenesungsheim des Deutschen Roten Kreuzes

Haus 171, Tel. 914030. Anmeldungen für Mutter-Kind-Kuren bitte an den jeweiligen DRK-Kreisverband.

Nationalpark-Haus und Inselkammer

Haus 177, Tel. 469, Öffnungszeiten lt. Aushang.

Polizei

Dienststelle im Haus 215, Tel. 410, Notruf 110.

Postamt

am Nordseehotel, Haus 43, Tel. 912921.

Reisebüro

Reise-Agentur Baltrum, Haus 83, Tel. 914910.

Reitstall

Seiffart, Tel. 347.

Restaurants (Auswahl)

Bei Charly, Haus 73, Restaurant/Café (deutsche Küche, Fisch), Tel. 214.

Seeteufel, Fischimbiss (im »Charly«/ leckere Kleinigkeiten aus dem Meer).

Zum Seehund, Haus 178 / bei der Alten Inselkirche, Restaurant (rustikale bürgerliche Küche), Tel. 228.

Kluntje (Tee/Kaffee/Weinstube mit kleinen Speisen, köstlicher Kuchen), im Ostdorf / Haus 29, Tel. 419.

Hotel Witthus, Haus 137, Café/ Restaurant (selbst gemachter Kuchen, gutbürgerliche Küche), Tel. 990000.

Feldmann's Fischecke, Fischimbiss, Übergang zum Ostdorf, Tel. 393.

Teestube, Restaurant/Tee, Haus 149, Tel. 600.

Hotel Pension Strandburg, Restaurant (gutbürgerlich/ Fisch), Haus 139, Tel. 262.

Strandcafé (Pizza/kleine Speisen/ Café/Kneipe), Haus 70, Tel. 200.

Fischer »Z«, Pizza zum Mitnehmen, im Ostdorf (Haus 35), Tel. 911030.

Dezulian (ital. Küche/Pizza/Eiscafé, Kneipe), Haus 24, Tel. 415.

Rettungsdienst

Im Notfall: 112. Bei Fällen ohne Dringlichkeit: Tel. 04941/19222.

Sauna

im SindBad, Haus 240, geöffnet in der Saison Mo 14–18 Uhr, Di, Mi, Fr. 12–18 Uhr, Do 12–20 Uhr, So Schnuppersauna 15–18 Uhr.

Segelhafen

Kleiner Yachthafen zur Wattseite, Hafenmeister Tel. 448.

Solarium

im SindBad, Haus 240.

Strandkörbe/Strandzelte

Bestellung (auch Vorbestellung) bei der Kurverwaltung.

Taxifahrten

von und zum Hafen

E. Voigt, Tel. 914091, Fax 914093.

W. u. U. Gaiser, Tel. 9909000.

A. Neumann, Tel. 910891.

T. Seiffart, Tel. 347.

Tennis

Anmeldung für die Tennisanlage (Belag baspo-Grass-Kunstrasen) bei Helmut Bock, Haus 136, Tel. 699 oder 91830. Im Juli/August findet traditionell das Baltrumer Gäste-Tennisturnier mit Rahmenprogramm statt. Die Einschreibung ist allerdings nur bei Nachweis von mindestens zehn Übernachtungen möglich.

Theater

Die Insel-Bühne des Kultur- und Sportvereins Baltrum bietet wechselnde Programme (meistens mittwochs in der Kultur- und Sporthalle/ Haus 112).

Wattwanderungen

um die Insel herum oder zum Festland in Begleitung eines amtlich geprüften Wattführers finden regelmäßig statt. Treffpunkt: Info-Gebäude am Hafen, Termine entnimmt man dem Plakataushang. Wanderungen im inselnahen Wattbereich (auch speziell für Kinder) bietet das Nationalparkhaus an.

Wellness

Ayurveda (Massagen und Beratung) im Sommer, Infos bei Regine Moschner, Tel. 0561/36761 oder 04939/ 990073.

Kosmetik im Beauty-Concept-Baltrum, Haus Nr. 63, Tel. 1236.

Entspannungsmassagen und Phantasieren, Infos bei Anke Weber (Kommunikationstrainerin), Tel. 990060.

Windsurfen

Windsurfingschule (VDWS) Ulfert Mammen, an der Strandpromenade Höhe Übergang Strandhotel. Surfkurse und Boardverleih. Auskunft/ Anmeldung bei Ulfert Mammen, Haus 192, Tel. 433.

Zimmervermittlung

Tel. 0180/5914003, Fax 0180/5914005.

Orts- und Sachregister

Die Deutsche Bibliothek – CIP-Einheitsaufnahme
Baltrum: ein illustriertes Reisehandbuch / von Jan Schröter. –
Bremen : Ed. Temmen, 1995

ISBN 3-86108-419-8

3., vollständig überarbeitete und aktualisierte Auflage 2004

Bildnachweis:

Siegfried Berndt: 29m, 58; Frauke Echte: 14, 80o, 81; Hero Lang: 1, 48/49, 50/51; Kurverwaltung Baltrum: 16, 21, 24, 29o, 78; Kurverwaltung Esens-Bensersiel: 94, 95; Willi Rolfes: 4o, 26/27, 28, 31, 32, 34, 35, 36, 37o, 38, 39, 40, 54, 55, 75, 83/84, 101; Edition Lichtblick, Michael Schildmann: 3, 5o, 6/7, 8/9, 11, 13, 18/19, 46, 53, 56/57, 76/77, 79, 80u, 98u, 104, 105; SKN-Bildarchiv, Martin Stromann: 45, 47, 97; Stadt Aurich: 84, 85, 86, 87; Stadt Emden: 88, 89, 90, 91, 92, 93; Torsten Taubhorn: 5m, 10, 15, 29u, 37u, 96, 103; Touristik GmbH Krummhörn-Greetsiel: 98o, m, 99; Verlagsarchiv: 3u, 5u, 22, 23, 25, 27, 41, 43, 44, 59, 60, 61, 62, 63, 64, 65, 66, 67, 68, 69, 70, 72, 73, 74

Redaktion: Frauke Echte
Kartografie: Elsner & Schichor, Büro für Karten und Grafik, Karlsruhe

Hohenlohestr. 21 – 28209 Bremen
Tel. 0421-34843-0 – Fax 0421-348094
info@edition-temmen.de
www.edition-temmen.de

Herstellung: Edition Temmen
ISBN 3-86108-419-8